14,80

**KÖNIGS FURT**

## Zu diesem Buch

Der *Widder* in uns ist ein Symbol der Faszination des Feuers. Vom »guten Hirten« über das »Schäferstündchen« und über den Frühlings- und Kriegsgott Mars bis zu Raketenträumen und der »Angst vorm Fliegen«, bis hin zu »Rumpelstilzchen« und »Eisenhans« spannt sich ein weiter Bogen, welcher den Widder als eine Urenergie, als eine wahrhaft archetypische Kraft in uns erfahrbar werden läßt.

*Aus dem Inhalt* Die Symbolzusammenhänge aus Tarot, Astrologie, Märchen und Traumdeutung ergeben ein spannendes, herausforderndes Widder-Bild. Dabei gelingt es dem Autor, zum Teil völlig unbekannte Aspekte des Widder-Typus' aufzuzeigen: Etwa eine verblüffende Neufassung des Archetypen-Begriffs. Eine unerwartet positive Deutung der »schwarzen Nacht der Seele«. Und die Wieder-Entdeckung der »Sonne« in ihrer überragenden Bedeutung für den Widder in uns.

*Über den Autor* Johannes Fiebig ist bekannter Tarot-Autor und gefragter Experte in Sachen Symbolik, Psychologie und Grenzwissenschaften. Ausführlichere Angaben zur Person des Autors finden Sie auf Seite 160.

Johannes Fiebig

# Der Widder in uns

Macht und Abenteuer

Königsfurt Verlag

Reihe
Astrologie, Tarot, Träume & Märchen
Band 1
*Widder*

Originalausgabe
Königsförde März 1991

Copyright © Königsfurt Verlag
Bürger & Fiebig
Königsfurt 6
D-2371 Klein Königsförde
am Nord-Ostsee-Kanal
(Post Bredenbek)

Umschlaggestaltung: Michael Rompf, Hamburg

Abbildung der Tarot-Karten:
Rider Waite Tarot und Crowley Thoth Tarot –
Bezugsquellennachweis und Copyright
bei AG Müller, Neuhausen/Schweiz.
Ancien Tarot de Marseille –
Copyright bei Ets France Cartes – Grimaud, Paris.

Schreibarbeiten: Anke Senff, Mielkendorf bei Kiel

Gesamtherstellung: Clausen & Bosse, Leck
Printed in Germany
ISBN 3-927808-01-6

# Inhalt

Der Widder in uns 9
*Eine Einführung in die Symbolkunde*

Wie Eisen im Feuer 21
*Der Widder in astrologischer Betrachtung*

»In jedem von uns steckt ein König« 45
*Der Widder in den Bildern des Tarot*

Durch's Tor der Schatten 85
*Der Widder im Lichte der Traumdeutung*

Geheimnisvoller Name, verborgene
Identität 101
*Der Widder im Spiegel des Märchens*

Macht und Abenteuer 131
*Der Widder als Sinnbild der Selbst-Bestimmung*

*Anmerkungen* 144
*Literaturhinweise* 149
*Register* 154

*Für Juffes
und für Moritz*

*Jetzt
und auf die Dauer
hilft nur Power.*

(N. N.)

# Der Widder in uns

## Eine Einführung in die Symbolkunde

*Widder* ist ein Eigenname, ein germanisches Stammwort. Er bezeichnet ein männliches Schaf, einen Schafbock, dann soviel wie einen Mauerbrecher, einen mittelalterlichen Sturmbock und schließlich ein Sternbild des nördlichen Himmelsraumes, das wiederum Pate für das erste Zeichen des astrologischen Jahreskreises steht. Es gibt »Widder« in der Hydraulik, ein »Widderhorn« in der Familie der Schnecken und eine Sorte Schmetterlinge, »*Widderchen*« genannt, sonnenliebende, auf Blüten lebende, blaugrün-metallisch schimmernde Schmetterlinge – häufig mit blutroten oder gelben Flügelflecken –, die auch auf die bezeichnenden Namen »Blutströpfchen« oder »Fähnchen« hören.

Die Symbolik des Widders begegnet uns in der Astrologie; doch sie erschöpft sich nicht in den Grenzen der Sterndeutung. Widder – Lamm und Schaf – sind Begriffe mit weitreichenden Bedeutungen, die viele kulturelle Blickwinkel erschließen. Quer durch die Epochen sind *Hirt* und *Schaf* wichtige Symbolfiguren. Sie treten in religiösen, profanen, philosophischen und sprichwörtlichen Zusammenhängen auf. Zu nennen sind u. a. das »Unschuldslamm«, das »dumme Schaf« sowie der »Wolf im Schafspelz«. Da ist das Bild vom »guten Hirten«, das Wort von den »Schäfchen zur Linken«, die bekanntlich »Freude dir winken« und die Tradition der sogenannten »Schäfer- oder Hirtendichtung«, welche von den *Bucolica* der Antike bis zum *Pagan Love Song* in heutigen Hitparaden reicht. Inhalt der Hirtendichtung waren das berühmte *Schäferstündchen* und *Arkadien*, das Land der Träume. Dieses sagenumwobene Land jenseits des Regenbogens ist ein typisches Widder-Land, und die Hirten- oder Schäferdichtung erzählt davon seit Menschengedenken.

## Der Widder und seine Widersprüche

Der Widder gilt als ein Symbol der Zeugungs- und der Schaffenskraft. Er ist als Inbegriff der Unschuld und als siegreiches, von den Toten auferstandenes *Osterlamm* dargestellt worden. Genauso aber ist er auch als fanatischer »Schafskopf« gedeutet oder in Verbindung mit der *Luxuria* gebracht worden. Luxuria ist die »geistlose Unkeuschheit«, im christlichen Sinne ein Hauptlaster und eine Todsünde. Dann gilt er einmal als gnadenloser Rambo-Rammbock, und andernorts tritt der Widder wiederum als mutiger Vorkämpfer, als begnadeter Pionier in Erscheinung. Der Widder ist nun einmal ein Symboltier, ein Tiersymbol, das den Menschen seit Jahrtausenden bewegt, und seine Widersprüche gehören untrennbar zu seiner Symbol-Geschichte dazu.

Bei den alten Ägyptern spielt der Widder bereits eine große Rolle, etwa in der Gestalt des Gottes Amun. Diese Bedeutung setzt sich über das Alte Testament (Widder-Opfer des Abrahams, Erlösung des Isaak) und durch das Neue Testament fort (Christus als Sieger – *christus victor* – dargestellt durch einen ausgewachsenen Widder oder ein Lamm, jeweils mit Siegerfahne) und prägt die gesamte christlich-beeinflußte Kultur.

Der Widder besitzt eine eigenständige Qualität als Symbol mit sinnbildenden Bedeutungen. Einer der großen deutschen Nachkriegsromane mag als Beispiel dienen. »Billard um halbzehn« von Heinrich Böll ist geprägt von der Symbolik des Widders (Konflikt zwischen »Lamm« und »Büffel«, Tod dem Tyrannen, Kraft zur Befreiungstat). Wobei allein die Symbolik des Billardspiels – etwa: die kunstvolle Nutzung des »Zeugungsstocks« und die Beherrschung der persönlichen Energie, mit welcher man etwas anzustoßen vermag – eine Widder-Metapher darstellt (von H. Böll nicht erfunden, sondern als ein *archetypisches Symbol* aufgefunden, wie es viele andere Filme, Bilder und Geschichten vom Billardspiel ebenfalls erzählen).

## Der Widder als Archetyp

Mehrere Gründe machen es für den Widder in uns besonders interessant, sich auf Fragen der Symbolik näher einzulassen, ja sogar, mit Spannung und Neigung in die Rätsel der Symbolkunde einzusteigen. Die Symbolsprachen beschreiben den Widder als ein archetypisches Symbol. Der »Widder« ist ein Urbild, ein Leitmotiv der Kulturtraditionen, in welchen wir leben oder mit denen wir groß geworden sind. Diese seelischen Grundmuster, die Archetypen, tragen wir in uns, und sie tragen uns.

Seit Anfang des 20. Jahrhunderts haben nun Psychoanalyse, Massenpsychologie und andere Disziplinen das Studium jener *kollektiven Faktoren* von Bewußtem und Unbewußtem vorangetragen. Eine Lehre von den »Archetypen des kollektiven Unbewußten« entwikkelte namentlich der Schweizer Tiefenpsychologe C. G. Jung (1875–1961). Und diese Auffassungen von Jung erfreuen sich – neben denen von S. Freud, E. Fromm, W. Reich, G. Groddeck – heute einer größeren Aufmerksamkeit und Beliebtheit als je zuvor.

Die aktuelle Popularität von C. G. Jung hat viele Gründe. Ein zentrales Motiv liegt jedoch sicherlich darin, daß wir erst heute den Sinn der Archetypen *ganz* verstehen, – und diese Erkenntnis betrifft nun besonders den Widder in uns: Der Begriff der Archetypen besitzt nämlich eine wichtige Doppeldeutung. Archetypen sind sowohl die uralten *Prägungen*, die uns gezeichnet und unter denen wir – meist mehr unbewußt als bewußt – unser individuelles Leben begonnen haben. Archetypen sind aber auch die *Erstprägungen*, welche wir kraft unserer Individualität erstmalig tätigen, diejenigen Taten und Talente, mit welchen wir persönlich und erstmalig einen bleibenden Eindruck hinterlassen, den es so zuvor nicht gegeben hat.

»Archetyp« heißt aus dem Altgriechischen sowohl Urbild, Prägeabdruck wie auch Prägestock und Prägekraft. Eine – und nach dem Muster des astrologischen Jahreskreis: die erste – dieser Urkräfte und Urenergien verkörpert der *Widder*.

Was heißt es nun für den Widder in uns, sich auf diese Weise als »Archetyp« zu begreifen? Er lernt sich als Menschen verstehen, der tief im Innersten von dem Ensemble seiner Lebensumstände geprägt und dennoch selber beispiellos ist und daher dazu wie berufen ist, seine Lebensverhältnisse selbst zu prägen. Indem der Widder die Dinge des Lebens von diesen beiden Seiten betrachtet, schafft er es, »Tatsachen« zu erfassen. Tatsachen im Sinne von Tat-Sachen. Indem er die gegebenen Verhältnisse nimmt wie sie sind – *einschließlich* des eigenen urwüchsigen Tatendrangs und der eigenen archetypischen Gestaltungskräfte –, geht der Widder über die Grenzen des Bisherigen hinaus; *er handelt ohne Vorbild*. Er überschreitet übliche Markierungen und begibt sich hinter die bestehenden Kulissen – und dieser Vorgang ist damit gemeint, wenn es immer wieder heißt: *Widder will mit dem Kopf durch die Wand*.

Jede/r trägt einen Widder in sich, unabhängig davon, in welche Jahreszeit der eigene Geburtstag fällt. Den Kopf durch die Wand zu strecken, heißt, sich seiner eigenen Handlungsmöglichkeiten, sich seiner persönlichen Macht bewußtzuwerden und bewußtzubleiben. Sich selbst als Widder wahrzunehmen, diese Betrachtungsweise fordert eben dazu auf, genauer zu unterscheiden, welche Tatsachen, welche Gegebenheiten und Machtverhältnisse man für sich annehmen und welche man aufheben will.

## Die Kraft des Mythos

Symbolkunde ist in diesem Sinne ein notwendiger Teil der Erkundung des eigenen Lebensraumes, der persönlichen Lebensmöglichkeiten. Wenn wir uns selbst als »archetypisches Wesen« verstehen, ist Symbolkunde keine theoretische Betrachtung. Wir müssen Spuren und Zeichen lesen (und selber setzen) können, wenn wir ein unbekanntes Gelände betreten. Und ebenso benötigen wir auch eine Spurensuche und eine Zeichensprache, wenn wir zu dem vorstoßen möchten, was wir selber sind und was uns hinter den Kulissen bewegt und wirklich interessiert.

Die speziellen Symbolsprachen Astrologie, Tarot, Traumdeutung und Märchen bieten sich dabei erstens deshalb an, weil sie auf die eine oder andere Art *direkt* vom Widder in uns erzählen. Zusätzlich führen uns diese Symbolsprachen auf die Spur des Mythos:

»Symbolkunde« oder »Symbolsprache« – diese Begriffe beziehen sich eigentlich zwar auf *alle* Lebensäußerungen. Mimik, Gestik, mündlicher und schriftlicher Ausdruck und vieles mehr – alles dies sind Symbolsprachen, die es zu erlernen und zu beherzigen gilt. Das *spezielle Verständnis von Symbolsprachen* im Sinne von Astrologie, Tarot, Träumen und Märchen, wie es nun Thema des vorliegenden Buches ist, geht im besonderen auf Erich Fromm zurück. Der bekannte Psychologe hatte vor rund 40 Jahren bereits auf die große Bedeutung der »Märchen, Mythen, Träume« (so der Titel einer seiner Schriften) hingewiesen, die er unter dem Begriff *Symbolsprache* zusammenfaßte. Erich Fromm – seines Zeichens Widder – sieht nun diese Symbolsprache in einer ganz besonderen Beziehung zum Mythos. Fromm dazu wörtlich: »Ich halte (...) die Symbolsprache für die einzige Fremdsprache, die jeder von uns lernen sollte. Wenn wir sie verstehen, kommen wir mit dem Mythos in Berührung, der eine der bedeutendsten Quellen der Weisheit ist, wir lernen die tieferen Schichten unserer eigenen Persönlichkeit kennen«.

Was bedeuten diese Einschätzungen, die vor 40 Jahren noch eine erstaunliche *Pionierleistung* darstellten? Unter »Mythos« werden die *urtümlichen Überlieferungen* (aus Sage, Legende und Brauchtum) verstanden, welche historisch älter sind als das »logische« Denken. Der Vergleich sei gestattet: Der Logos, die Logik ist wie die Spitze eines Eisberges, klarer zu erkennen, aber nur ein Teil des Ganzen, der Mythos ist der restliche Teil des Eisberges – das, was tiefer und früher liegt. Wenn wir nun über die genannte Symbolsprache zum Mythos gelangen, so gleicht dies einer Rückbesinnung auf das größere Ganze.

Historisch hat es Zeiten gegeben, in denen wir dem Mythos sehr nahe waren, in denen wir aber auch vom Mythos ganz umfangen waren. Diese historischen Zeiten waren *Widder-Zeiten*.

In der individuellen Entwicklung eines Menschen werden (einer gebräuchlichen Einteilung zufolge) Abschnitte von je sieben Lebensjahren unterschieden. Diese Etappen werden jeweils mit der Symbolik eines Tierkreiszeichens in Verbindung gebracht. Und so, wie das erste Zeichen im Jahreskreis nach Frühlingsanfang der Widder ist, so gelten auch die ersten sieben Jahre nach Geburt als die Widder-Jahre. In diese führt uns der Mythos als erstes zurück.

In unserer kollektiven oder Kulturgeschichte wird der Übergang vom Mythos zum Logos für das abendländische Altertum am Anfang des letzten Jahrtausend vor Christus (etwa um 800 v. Chr.) angesiedelt. Diese Epoche gilt als Widder-Zeit. (Denn die Frühlingssonne stand – etwa von 2200 v. Chr. bis zum Jahre »Null« – im *Sternbild* des Widders. Nach dieser astronomischen Gegebenheit sprechen wir vom Widder-Zeitalter für den angegebenen Zeitraum.) In diese kulturellen Widder-Jahre führt uns der Mythos als zweites zurück.

Die historischen Widder-Zeiten aber waren unbewußte Zeiten. Dem Kind bis 7 Jahre fehlt zumeist noch das kleine Einmaleins. Für unsere Vorfahren in jenen mythischen Widder-Tagen gilt dasgleiche.

Wenn wir nun heute durch Tarot und Träume, durch

Astrologie und Märchen zum Mythos gelangen, so stellt dies nicht nur eine Rückbesinnung dar, sondern auch etwas absolut Neues: Wir entdecken den *ganzen* Eisberg oder jedenfalls größere Teile von ihm, Erfahrungen, die unter die Haut gehen oder welche bisher unter der Oberfläche verborgen waren. Wir stoßen zu tieferen Schichten unserer Persönlichkeit vor, die wir gut kennen, weil wir aus ihnen herstammen, und die uns dennoch so fremd sind wie Neuland, weil wir noch nicht *bewußt* dort waren.

Eine der großen Chancen, ein besonderer Reiz der Symbolsprache besteht also darin, über den Mythos endlich wieder und zugleich ganz neuartig zum »Widder«, zu Urkräften in uns vorzustoßen. Astrologie, Tarot, Traumdeutung und Märchen öffnen dabei von verschiedenen Seiten den Zugang zu dieser Erfahrung.

## Wie funktionieren die Symbolsprachen?

Die Benutzungsweise ist für alle vier genannten Symbolsprachen im Grunde ähnlich. Drei Merkmale sollen dabei hervorgehoben werden:

*1. Die Aufhebung von Leitbildern*
Was Widder, Mars oder Sonne bedeuten, steht nicht einfach fest. Dasgleiche gilt für die Tarot-, Traum- und Märchensymbolik. Es ist wesentlich, persönliche, zeitgemäße Bedeutungen zu erarbeiten.

Dazu müssen alte kulturelle Leitbilder aufgearbeitet werden, wie z. B. Herrscher- und Kriegerfiguren, die Verwandlung von Stroh zu Gold oder die Bedeutung eines »eisernen Willens«, einer »katzenhaften« Leidenschaft für das eigene Leben, u. a. Diese Auseinandersetzung erlaubt es, eigene Erlebnisse mit Widder-Themen besser zu verstehen und nutzbar zu machen. Dazu zählen Erfahrungen von Macht und Ohnmacht, mit Männlichkeitsvorstellungen und Vater-Kind-Beziehungen, Erfahrungen des Fliegens, aber auch des Geworfenseins usw.

*2. Die Auseinandersetzung mit*
*Wahrnehmungsgewohnheiten*
Achten Sie auf die »andere Seite«, auf unbekannte Aspekte an vertrauten Erfahrungen. Welche Personen sehen Sie in puncto Widder am ehesten vor sich? Wie verstehen Sie Ihren Widder-Anteil?

Zur Auseinandersetzung mit gewohnten Wahrnehmungsweisen trägt im vorliegenden Buch nicht zuletzt die Kombination der vier Symbolsprachen bei. Während die Astrologie üblicherweise auf Begriffen beruht (keine *Beobachtung* der Sterne oder des Symboltieres), ist hier beispielsweise durch die zugeordneten Tarot-Karten Anschauungsmaterial gegeben. Die sechs Tarot-Karten gelten für alle »Widder« in gleicher Weise. Während die Astrologie ansonsten einige Schulenbildung kennt (so daß man eigentlich sagen müßte z. B.: »Ich verhalte mich wie ein Widder Münchner Schule« oder »...Hamburger Schule«), schafft die Verbindung von Tarot und Astrologie einheitliche Bezugspunkte. Die Symboldeutung wird durch die Träume lebendiger und zielgerichteter. Durch das Erleben von Märchen schließlich wird sie wahrhaftiger, authentischer.

## 3. Die Arbeit mit dem Zufall

Der Umgang mit widderhaften Energien und Talenten verlangt u. a. eine produktive Auseinandersetzung mit dem, was unscheinbar, wie zufällig geschieht. Die Bedeutsamkeit des »Zufalls« haben Astrologie, Tarot usw. nicht erfunden. Alltäglich gehen wir mit zufälligen, sinnvollen Zusammenhängen um. Viele Kunst- und Wissenssparten wenden eigene Zufallskonzepte an. Die Deutungsarbeit an den Symbolen trainiert gleichsam den Umgang mit dem Zufall.

Den Zufall wohlbehalten aufzuheben, heißt, von einer eigenen Warte aus sagen zu können: »Ich sehe einen Zusammenhang«. Und diesen Blick fürs Ganze braucht der Widder in uns, um seine Talente zu vergolden und um immer wieder neu ein Eisen im Feuer zu haben.

# Wie Eisen im Feuer

Der Widder
in astrologischer Betrachtung

In der Tag- und Nachtgleiche am 20./21.03. eines Jahres beginnt mit dem Frühling zugleich ein neuer Zyklus des Tierkreises; Startzeichen ist der Widder. Er besitzt eine besondere Beziehung zur »Stunde Null«. Das historische Widder-Zeitalter endet mit der großen Zeitenwende, mit dem *Jahr Null* vor fast 2000 Jahren. Und in jedem Jahr eröffnet der Widder bei *Null Grad, Null Minuten, Null Sekunden* des Zodiaks (des Tierkreises) eine neue Runde des Jahreslaufes.

## Stunde Null

Die Faszination, welche diese Widder-Kraft des Neuanfangs ausstrahlt, teilt sich in vielfältigsten Formen mit. Jede Geburt und jede Geburtstagsfeier künden davon; ebenso das Osterfest, das in der christlichen Liturgie das höchste Fest des Jahres darstellt.

Und besonders die Astrologie (in ihrer heutigen Form) unterstreicht diesen Reiz des Neubeginns. Denn obwohl man nicht allen Sterndeuter(inne)n ein gutes Verhältnis zum Widder nachsagen kann (manchen fällt zum Widder einfach nichts Gescheites ein – auch eine Art von »Stunde Null«), so sind sich doch nahezu alle astrologischen Schulen einig in der Betonung des *Aszendenten* und seiner grundlegenden Bedeutung im Horoskop. Der Aszendent aber ist der Widder-Punkt, die Stunde Null im einzelnen Horoskop. Am Aszendenten kommen Dynamik und Macht eines widderhaften Neubeginns zum Ausdruck (1. Haus), unabhängig davon, in welchem Zeichen der Aszendent nun im einzelnen liegt. Es ist nicht übertrieben, von einem *Kult um den Aszendenten* zu sprechen, der ein Kennzeichen der neueren Astrologie im deutschsprachigen Raum darstellt. Manche astrologischen Lehrerinnen und Lehrer gehen hier sogar soweit, den Aszendenten als *die* wichtigste astrologische Einzelinformation herauszustellen.

Diese Auffassung ist zwar keineswegs zu unterstützen – vielmehr gelten seit alters *Sonne* und *Mond* als die primären astrologischen Gestirne, und der Aszendent ist nur einer unter den vier wichtigen Eckpunkten eines jeden Horoskops (Aszendent, Deszendent, MC und IC); dennoch zeugt diese Aufwertung und selbst die gelegentliche Überbetonung des Aszendenten von der Reverenz, welche die Astrologie gerade in jüngster Zeit dem Widder-Prinzip von Geburt und Wiedergeburt, von Frühling und »Zweitem Frühling« erweist.

*Anfänger* bleibt der Widder auf eine eigentümliche Weise immer, auch und ganz besonders dann, wenn er zu voller Form und zu größter Energieentfaltung aufläuft. Der Widder kann sich nur entscheiden (und darauf Einfluß nehmen), ob er seine *Verwandtschaft mit dem Neuanfang* in der Weise auslebt, daß er fortwährend Dilettant, »blutiger Anfänger« bleibt oder ob er *aus Kenntnis der Materie* einen Begriff davon erwirbt, was er kann und was er nicht kann: Um an geeigneter Stelle immer wieder die Grenzen seines bisherigen Könnens zu überspringen. Indem ihm dies gelingt, erweitert er sein Können – sein praktisches Vermögen, seine

Tatkraft, die Grundlagen seiner Widder-Macht; und indem er sich zusätzlich vor Augen hält, was er alles noch *nicht* kann, schafft der Widder sich selbst jenes unbekannte Neuland, das zu erobern ihn reizt, das stets neue Abenteuer beschert – und das ihm, je meisterlicher er in seinem Können wird, umso deutlicher klarmacht, wie sehr und inwieweit er völliger Anfänger ist und bleiben wird.

## »Aller Anfang ist schwer«

Stellen Sie sich einen Raketenstart in der Weltraumfahrt vor. Jahrelange Vorbereitungen gehen dem Start voraus, wochen- oder tagelang läuft der Countdown, und wenn die Zündung glückt, zählen die ersten Sekunden der Startphase immer noch zu den kritischsten Momenten der gesamten Reise. Wieder ist es die Astrologie, die besonderes Zeugnis davon ablegt, welche Wucht und welche Dramatik eine jede Anfangsphase beinhalten kann und wie nachhaltig das Geburtsgeschehen den weiteren Werdegang beeinflußt. Denn Horoskope werden nun einmal zumeist auf den *Geburtsmoment* – eines Menschen, einer Beziehung, einer Institution usw. – berechnet. In den Konstellationen der Anfangsstunde erblickt die Astrologie Prägekräfte, welche eine archetypische – eine grundlegende – Bedeutung für die weitere Lebensgestaltung besitzen.

Manche mögen die »typischen« Widder bewundern oder tadeln für den Mut oder für die Risikobereitschaft, oft auch für die anscheinende Leichtigkeit, mit welcher jene sich neuen Anfangsphasen stellen. Wer etwas vom

Widder in sich hat, der oder die weiß jedoch aus Erfahrung, daß der richtige Anfang tatsächlich eine komplexe *Kunst* ist. »*Wie regiert man ein großes Reich? Wie man einen kleinen Fisch brät – ganz wenig*« *(Laotse)*.

Viele negative Widder-Beschreibungen hängen mit Problemen, den richtigen Start zu finden, zusammen. So begegnet uns der Widder in manchen astrologischen Darstellungen als bewußtloser Willens- und Gewaltmensch, als ein Krieger- oder Kämpfertyp der Marke »wie die Axt im Walde«. *Ares* – das griechische Pendant des Mars – gilt in der Mythologie als der »ungestüme, dem Trunke ergebene und streitsüchtige Gott des Krieges« (R. v. Ranke-Graves), und nicht selten folgen astrologische Charakterisierungen des Widders diesem alten Vorbild: Der Widder-Typus als Mensch gewordenes Prinzip des Krieges, des Streits, des Angriffs oder der Rache.

Weniger oft, aber dennoch vernehmlich haben Astrologinnen und Astrologen die Seite des notorischen Zauderns und Zögerns als möglichen Aspekt des Widders hervorgehoben. Es gibt *mehrere* Formen, wie der Widder auf eine recht ahnungslose Art mit seinen gewaltigen Energien umgehen kann. Das Durchprügeln oder Durchboxen ist nur ein Teil davon.

Zum »typischen« Widder-Bild gehört beispielsweise auch ein Energiestau, welcher so machtvoll sein kann, daß er einen Menschen sogar lähmt – bis hin zur körperlichen Erstarrungssymptomen. Eine antriebsvolle Entschlußlosigkeit oder eine Handlungsunfähigkeit, welche mit Überanspannung oder Unterforderung einhergeht, rechnen zum Erscheinungsbild des Widders, genauso wie die mögliche Angewohnheit, sich selbst oder anderen *schon im Ansatz* stets zu widersprechen, in die Parade zu fahren usw.

Diese Unarten oder Schwachpunkte des Widders spiegeln auf verschiedene Weise mögliche Schwierigkeiten des Startens wieder. Jede »Stunde Null« hat ihre Voraussetzungen und ist zugleich ohne Beispiel. Der *Ellenbogen-Widder* betont vorrangig die *Überwindung* jeglicher Vorgegebenheiten und Vorhaltungen. Der *Handicap-Widder* bringt vor allem die *Bewahrung* gewisser Vorbehalte zur Geltung. Beide Aspekte müssen aber zusammen gesehen und verstanden werden.

Jede Geburtsstunde besitzt ihre Geschichte und beendet sie zugleich. Jeder Geburtsakt bringt *sowohl die Anerkennung wie die Verabschiedung der Eltern, der Geburtshelfer und der Paten zum Ausdruck*.

Ein treffendes Wort für die gleichzeitige Anerkennung und Überwindung eines Zustandes ist das der *Aufhebung*. Etwas aufzuheben, kann heißen, (1) es zu bewahren oder (2) es zu beenden. Wenn es nun gelingt, das Wünschenswerte einer Angelegenheit zu bewahren und zugleich das Unerwünschte derselben Situation zu beenden, dann bedeutet der damit mögliche Neuanfang noch einmal eine Aufhebung (nun in einer dritten Bedeutung): *Etwas wird auf eine neue Stufe gehoben*, indem Gutes bewahrt und Schlechtes beendet wird.

Jede »Stunde Null« stellt eine solche *Aufhebung* im mehrfachen Sinne des Wortes dar. Was hier zunächst ein wenig philosophisch klingt, ist für den Widder in uns jedoch harte Realität. Sein Wohlgefühl und seine schönsten Leistungen hängen davon ab, ob er es schafft, zur richtigen Zeit den »Mut zur Lücke« aufzubringen und zu sagen: Ich fange neu an.

## Bausteine der Tierkreiszeichen

Die Frage des richtige Startens betrifft bereits einen der drei Bausteine der astrologischen Theoriebildung. Der Charakter, der »Typ« eines Tierkreiszeichens setzt sich nämlich zusammen aus: Der

- *Stellung im Tierkreis.* – Dem Widder fallen eben die besonderen Aufgaben der Position des Ersten zu.
- *Herrschaft bestimmter astrologischer Planeten* im betreffenden Zeichen. – Im Widder herrscht der *Mars*, und die *Sonne* ist hier erhöht. Darin schließt sich als dritter Baustein an – die
- *Zugehörigkeit zu einem der vier Elemente* Feuer, Wasser, Luft und Erde. – Widder ist das beginnende, das kardinale Zeichen des Elements Feuer.

## Mars und seine Geschichte

»Mars« ist der astrologische Regent des Widders. Der *Planet* Mars lieferte – vor allem durch seine rote Farbe, seine schnelle Bewegung und durch die recht ungleichmäßigen Helligkeits- und Entfernungswerte (von der Erde aus betrachtet) – einige tatsächliche Anhaltspunkte, um die herum sich im Laufe der Kulturentwicklung viele Legenden, ja, eine regelrechte Geschichte von wechselnden, abenteuerlichen Bedeutungen des Mars rankte. Weit über astrologische Fachkreise hinaus, ist der »Mars« ein kultureller Begriff und wird als solcher vermarktet.

Die astrologische Interpretation des Mars hält sich demgegenüber mehr an den Mars als Symbolgestalt der griechisch-römischen Mythologie. Für die »alten Römer« bedeutete Mars jedenfalls, neben Jupiter und Quirinus, eine Hauptgottheit. Stolz nannten sie sich »Söhne des Mars« und tauften den Monat »März« nach seinem Namen.

> »Mars ist in ältester Zeit ein Gott, der Schaden von den Saaten abwehrt und den Herden Fruchtbarkeit schenkt. Im Frühling verehrt man ihn durch besondere Tieropfer, bestehend aus Schwein, Schaf und Stier (…), und durch Flurumgänge, eine ländliche Entsühnungsfeier (…). In ähnlicher Weise findet alle fünf Jahre auf dem Marsfelde die Weihung der ganzen Gemeinde an Mars statt (das *lustrum*); hierbei bringt der Zensor das Opfer dar. Die bekränzten Tiere wurden vor Beginn der Opferhandlung rings um die ganze Bürgerschaft geführt. Dadurch soll (…) ein magischer Kreis gezogen werden, der das Unheil abwehrt. Da Mars die Fluren auch vor feindlicher Verwüstung schützt, wird er zum Kriegsgott; ihm weiht man im Frühjahr Pferde und Waffen und im Felde das Heer« (Heinrich Krefeld).

Mars galt als Vater von *Romulus und Remus*, der beiden legendären Gründer der Stadt Rom also, welche von einer Wölfin gesäugt und großgezogen wurden. Der Wolf, Specht und Stier waren denn auch die dem Mars heiligen Tiere; seine Zeichen – die Lanze und der Pflugstier. Die Römer der historischen Widder-Zeit bewahrten im Amtshaus des obersten Priesters auf dem Forum Romanum auch einen heiligen Schild des Mars auf. Dieser war vom Himmel gefallen, so glaubte man; und er würde Bestand und Schutz des römischen Reiches garantieren.

Alles *Martialische* besitzt für uns heute einen eher negativen Beigeschmack. Das Wort »martialisch« wird unter anderem in Bedeutungen wie »kriegerisch, streitsüchtig, waffenklirrend, hochgerüstet, aggressiv-gereizt« gebraucht. Auf diesen unangenehmen und nicht selten nichtsnutzigen Sinn des Martialischen paßt tatsächlich und gut ein Motto des Alten Testamentes, das durch die Friedensbewegung vor Jahren große Popularität erreichte: »Schwerter zu Pflugscharen«. Der Blick in die Mythologie zeigt jedoch: Der Mars, der als Gott vor mehr als 2000 Jahren verehrt wurde, läßt sich nicht einseitig auf ein kriegslüsternes Kämpfertum reduzieren. Der mythische Mars war Kriegs- *und* Frühlingsgott, »Schwert« und »Pflugschar« zugleich. Er sollte die Fluren und ihr Wachstum schützen und deshalb feindliche Übergriffe abwehren. Er sollte Neuland nicht nur erobern, sondern auch urbar und fruchtbar machen.

## Im Zeichen der Sonne

Die Zuordnung des mythologischen Mars zum astrologischen Widder ist komplizierter und interessanter, als es viele der gängigen Astrologie-Lehrbücher vermuten lassen. Selbst ein sorgsamer und innovativer Astrologe wie Hermann Meyer spricht einfach vom »Widder-Mars-Prinzip«, als seien Widder und Mars gleichbedeutende oder doch sehr ähnliche Größen. Tatsache ist, daß der Mars seit alten Zeiten dem Widder als Regent (Herrscher, Oberbegriff) zugeordnet ist. Tatsache ist aber auch, daß der Mars in der klassischen Astrologie (die nur sieben Planeten kannte) ebenfalls Regent des Skorpions ist, daß in diesem Sinne der Mars erst durch das *Zusammenspiel* von Widder und Skorpion verständlich wird. Und Tatsache ist weiterhin, daß zum unstrittigen astrologischen Handwerkszeug der Begriff der *Erhöhung* gehört. Die astrologische »Erhöhung« bedeutet in etwa soviel wie das Wort »Aufhebung«, von dem auf Seite 26 die Rede war. Das erhöhte Gestirn im Widder ist die Sonne, während der Mars seine Erhöhung im Steinbock besitzt.

Das heißt im Ergebnis: Der Widder wird durch den Mars verständlich, wobei der Mars jedoch mehr als nur das Widder-Prinzip beinhaltet. Der »erhöhte« (verwandelte, entwickelte) Widder wird zusätzlich durch die (astrologische) Sonne charakterisiert. Wie jedesmal, wenn ein Gestirn in die Position der Erhöhung gelangt, so ist auch hier die Sonne im Widder besonders kraftvoll, und der Widder entwickelt sich unter dieser Konstellation zu voller Blüte. Mars wiederum findet seine höheren Zwecke und Berufungen im Steinbock, wo *er* seine Erhöhung erreicht.

»Sonne« bedeutet in der Astrologie vor allem Herz, Wille und Bewußtsein – das jeweilige Zentrum der schöpferischen Kräfte. Was kann man sich nun unter einer »erhöhten Sonne« vorstellen?

Eine hilfreiche Antwort liefert der Begriff der *Lebensmitte*. Gewöhnlich verbinden wir mit dem Erreichen der »Lebensmitte« eher eine Altersvorstellung, beispielsweise den 40. Geburtstag eines Menschen. Diese »Mitte« des Lebens wird häufig mit der Midlife crisis, den Wechseljahren oder der zweiten Lebenshälfte gleichgesetzt. Aber Lebensmitte bedeutet auch etwas ganz Anderes: Den *Mittelpunkt des Lebens* und den Hort, die *Mitte der Lebendigkeit*. Diese Lebensmitte kann man bereits als junger Mensch erreicht haben, und andererseits garantiert kein noch so hohes Le-

# Die Sonne ist im Widder erhöht

*»Es ist leicht einzusehen, weshalb die Sonne als Lebensspender und Ursprung aller Energie für unser Sonnensystem im Widder, dem Zeichen des Neubeginns eines Erfahrungszyklus, als erhöht gilt. Die Sonne als Verkörperung des Machtprinzips muß die primäre Ursache aller Erscheinungsformen sein. Hochentwickelte Widder-Menschen werden den kreativen solaren Einflüssen viel stärker unterworfen sein als den kämpferischen Marstendenzen; sie sind nicht vom Wetteifer der weniger entwickelten Mars-Widdermenschen gekennzeichnet, die von emotionalen Antrieben und nicht von geistiger Inspiration motiviert sind.*

*Der sonnenbeeinflußte Widder weiß, daß die Kraft des Ewigen Schöpfers in seinem Innern als sein eigenes Ich-bin-Prinzip oder die reine Fähigkeit der Aufmerksamkeit wirksam ist. Er fühlt sich nicht getrieben, sich selbst durch aggressive Marstätigkeiten bestätigen zu müssen, sondern kann es der solaren göttlichen Energie erlauben, sich durch ihn zu äußern.«*

(Frances Sakoian, Louis S. Acker: Das große Lehrbuch der Astrologie. München 1984, S. 300).

Wie Eisen im Feuer, so wird der Wille in der Energie der Triebe und Lebensinteressen freigesetzt und von Schlacke getrennt. In diesem Feuer bleibt er formbar, und wo er seine »Weißglut« erreicht, wird er – furchtbar oder fruchtbar – der »Sonne« gleich.

bensalter von sich aus, daß man bei ihr überhaupt ankommt.

Die Erhöhung der Sonne läßt viele Charakterzüge des Widders (Lebensfreude, Optimismus, Selbstmotivierung, Einsatzbereitschaft) erst verständlich sowie viele jahreszeitliche Bezüge des Widders (besonders zum Osterfest der Erlösung und Auferstehung) erst in ihrem Sinn erfahrbar werden.

Der *Mars* ist und bleibt das Fundament, die Grundgegebenheit, eben der Herrscher im Hause Widder. Doch seine Krone, seine Spitze erreicht der Widder nur, wenn er auf dieser Basis seinen »Platz an der Sonne« findet.

## Der Götterhimmel des Widders

Noch einmal ein Blick in die griechisch-römische Mythologie. Dort zeigt sich nämlich, daß der Mars – wie fast jede mythische Gestalt – in einem *Geflecht* von Bedeutungen steht. Schon im Mythos hängt der Mars unter anderem mit sonnenhaften Themen zusammen.

Etwa ab dem 3. Jahrhundert v. Chr. wird der römische *Mars* dem griechischen *Ares* gleichgesetzt. Damit scheint sich in dieser jüngeren römischen Zeit eine Bedeutungsverschiebung vom Mars als einer Naturgottheit des Wachstums zu einem Kriegsgott abzuzeichnen. Ares heißt wörtlich soviel wie »Verderber« und »Rächer«. Als Gott des Krieges brachte Ares seine Schwester Eris, den Streit, mit sich. Seine Begleiter waren seine Söhne Phobos und Deimos, deren Namen übersetzt »Furcht« und »Schrecken« bedeuten. (Phobos und Deimos heißen in der Astronomie auch die Monde des Planeten Mars.)

Ares erscheint mithin im griechischen Mythos als »unbeliebter Gott« (Manfred Lurker). Er tritt als vernichtendes oder diabolisches Ungestüm auf, dem Kampf und Krieg zum Selbstzweck gereichen. *Doch das ist nicht alles.*

Ares, der also dem Mars gleichgesetzt wird, hat durchaus etwas Angenehmes und Schönes zu bieten: Sein alter ego, sein zweites Ich, in Gestalt des *Hephaistos*, des berühmten Schmiedegotts, welcher die olympischen Götter und Göttinnen mit seinen erfinderischen, kostbaren Handwerkskünsten überraschte und begeisterte.

> Hephaistos, der Schmiedegott, war bei seiner Geburt so schwach, daß seine Mutter Hera ihn abstoßend fand. Sie warf ihn vom Olymp auf die Erde hinunter, und sein Vater Zeus wiederholte diesen Rauswurf ein weiteres Mal; Hephaistos konnte knapp überleben. Unter den olympischen Göttern ist er der Handwerker, bärtig, verrußt, von kleiner Statur, ein Hinkefuß. Im Gegensatz zu seiner als wenig liebenswürdig beschriebenen Gestalt stehen die Kunstwerke, die er verfertigte: Kunstvolle Automaten, die sich auf Rädern von selbst bewegten, wunderbarer Schmuck, das Zepter des Zeus, der Sonnenwagen des Helios, das Schild des Achilles und vieles mehr.

Ares und Hephaistos haben nicht nur dieselben Eltern – Zeus und Hera –, sondern auch dieselbe Frau und dieselben Kinder. Ares und Hephaistos sind faktisch zwei Seiten derselben Kraft des Feuers. Die Frau ist Aphrodite (römisch Venus), und die Kinder sind die schon erwähnten Söhne Phobos und Deimos (»Furcht und

Schrecken«), aber auch – man höre und staune – die Tochter Harmonia (»Harmonie«).

Furcht und Schrecken besitzen im übrigen im Altgriechischen den gleichen möglichen Doppelsinn wie im Deutschen. Die Kinder von Ares (alias Hephaistos) und Aphrodite sind Furcht und Schrecken – das bedeutet: Sie lösen Furcht und Schrecken aus. Aber auch: Sie stehen besonders unter dem Einfluß von Furcht und Schrecken. – Beides gilt auch für die Charakterisierung unseres Widders: fürchterlich und/oder furchtsam, erschreckend und/oder schreckhaft. – Glücklich der Widder, der beide Erfahrungsqualitäten kennt und gerade dadurch (durch die Aufhebung von Furcht und Schrecken) zur *Harmonie* findet!

Auch der griechisch-römische Mythos erweitert die Mars/Ares-Symbolik in Richtung Sonne. Wichtige Parallelfiguren des Hephaistos sind nämlich Dädalos und Ikaros (darauf hat u.a. Robert von Ranke-Graves hingewiesen). Im Mythos von Dädalos und Ikaros treten nun die tragfähige Leichtigkeit wie auch die zerstörerische Leichtfertigkeit der Feuerkraft und der Sonne als zentrale Themen hervor.

## Dädalos und Ikaros

*Dädalos war ein wunderbarer Schmied; Athene selbst hatte ihn in diese Kunst eingeweiht. Aus Gründen, die hier nicht weiter dargestellt werden sollen, war Dädalos zusammen mit seinem Sohn Ikaros in die Gefangenschaft des Kreta-Königs Minos geraten. Als ihm die lange Verbannung aus der geliebten Heimat zur Last und zur Qual wurde, sann sein erfinderischer Geist auf Rettung. Dädalos machte für sich selbst ein Paar Flügel und ein zweites für Ikaros. Die großen Federn wurden von Fäden zusammengehalten, während die kleinen Federn mit Wachs befestigt waren. Er band ein Paar dem Ikaros an und sagte zu ihm mit Tränen in den Augen: »Sei gewarnt mein Sohn! Fliege nicht zu hoch, damit die Sonne nicht das Wachs schmelze, noch lasse dich zu tief herab, damit die Federn nicht vom Meere benetzt werden!« Dann schlüpfte er mit den Armen in seine eigenen Flügel, und sie flogen davon. »Folge mir dicht nach«, rief er, »und ändere die Richtung nicht!«*

*Anfangs ging es ganz gut. Bald hatten sie Samos, Delos, Paros und andere Inseln hinter sich gelassen. Da mißachtete Ikaros den Befehl seines Vaters und erhob sich voll Freude über die Kraft seiner großen Flügel gegen die Sonne. Die Sonne erreichte mit ihren heißen Strahlen das Wachs, das die Fittiche zusammenhielt, und ehe es Ikaros bemerkte, waren die Flügel aufgelöst und fielen auf beiden Seiten von seinen Schultern. Als Dädalos zurückblickte, war Ikaros verschwunden. Nur einige Federn schwammen auf den Wellen unter ihm. Dädalos flog lange hin und her, bis er den Leichnam des Sohnes gefunden hatte* (nach August Schwab und Robert von Ranke-Graves).

## Eine neue Nutzung des Feuers

Es ist durchaus erstaunlich, daß die Erhöhung der Sonne (wie auch die »gute« Seite des Mars, nämlich seine gedeihliche Wachstumskraft) in der astrologischen Beschreibung des Widders häufig untergeht. Setzt sich hier eine Art Dädalos-Trauma fort? Eine Ursache mag darin liegen, daß in vielen esoterischen Schulen – welche wiederum die Astrologie beeinflußt haben – der persönliche, individuelle Wille durchaus Tabu ist. In der Astrologie wie im Tarot gehen wir von vier Grundelementen aus – von Feuer, Wasser, Luft und Erde. Dem Element Erde entspricht der Körper, dem Element Luft der Geist, dem Wasser die Seele und dem Feuer der Wille (vgl. Übersicht S. 40 f.). Obwohl diese vier Elemente zum kleinen Einmaleins der Esoterik zählen, hat sich dort ebenso selbstverständlich das Leitmotiv von der »Einheit von Körper, Geist und Seele« verankert. Bei dieser »Einheit« fehlt jedoch ein Element: Das Feuer, und das heißt auch – der Wille. Es würde allerdings Sinn machen, zu erklären, der *Wille* sei gerade identisch mit der »Einheit von Körper, Geist und Seele«. Dann soll man dies aber auch so benennen! Ein unbenannter Wille bleibt ein unverstandener Wille.

Eine weitere Ursache hängt vermutlich mit einem Männerbild und einem Verständnis von Männlichkeit zusammen, welchem die »Sonne« fehlt.

Denn diesen Aspekt besitzt der Widder neben und vor allem anderen: Der Widder stellt *das* männliche Zeichen des Tierkreises dar, ähnlich wie der Stier *das* weibliche Zeichen abgibt.

*Mars / Ares*  *Venus / Aphrodite*
*männliches Geschlecht*  *weibliches Geschlecht*

Das Mars-Zeichen ist identisch mit dem (allgemeingebräuchlichen) Zeichen für das männliche Geschlecht. (Das Venus-Zeichen identisch mit dem üblichen Zeichen des weiblichen Geschlechts.) Die Sonne gilt als männliche und patriarchale Grundenergie; *sie* ist im Widder erhöht. (Der Mond gibt die weibliche und matriarchale Hauptenergie an; *er* ist im Stier erhöht. – Nicht immer beachtet und doch sehr wirkungsvoll: Die Frühlingsboten Widder und Stier führen direkt am Anfang des Tierkreises in die wichtigsten Kräfte ein, welche die astrologische Systematik kennt: Sonne und Mond, männliches und weibliches Prinzip, himmlisches Zentrum und irdische Schwerkraft.)

Was hier nicht gemeint ist: Jeder Widder-Mann und jede Widder-Frau sei besonders männlich. Worum es vielmehr geht: Kein Zeichen muß sich mehr mit allem Männlichen auseinandersetzen und eine eigene praktische Haltung dazu gewinnen als der Widder. Männliche Talente und patriarchale Altlasten – vom Größenwahn bis zur erhellenden Nähe zur »Sonne« – sind dem Widder in jeder/m von uns besonders in die Wiege gelegt.

## Die Botschaft der »Mars-Menschen«

In der Raumfahrt startete die erste Mars-Sonde im Jahre 1962. Weitere Flüge sind gefolgt und werden aktuell sogar intensiviert. Die technischen Großprojekte der Mars-Erkundung handeln, auf der symbolischen Ebene betrachtet, von einem *neuen Aufbruch zur Erforschung des Männlichen*, eben des »*Mars*« als Symbolfigur. Die 1960er Jahre gaben in vielerlei Zusammenhängen den Startschuß zur Entdeckung jenes Neulands, das der »Mann, das unbekannte Wesen« darstellte oder darstellt.

Die *kleinen grünen Männchen* vom »Mars« sind unter diesen Voraussetzungen Fantasieprodukte, die zugleich eine reale Bedeutung besitzen können: Darin kann sich z. B. eine ahnungsvolle Gewißheit, eine Hoffnung ausdrücken, es mögen auf jenem roten Symbolstern des männlichen Geschlechts (»Mars«) noch »grüne Zellen«, neue Lebensqualitäten, noch unbekannte Intelligenzen vorhanden sein.

Wie wir mit dem Willen, den Trieben und anderen Feuerkräften umgehen, ist in unserer Zeit einem historischen Wandel unterworfen. Die Rolle des Widders besteht dabei darin, archetypische Grundmuster von Macht und Ohnmacht und Erfahrungen von Daseinsfreude und Existenzangst neu zu durchleben und neu zu erarbeiten. Wie die nachfolgende Übersicht zeigt: Unter den vier Elementen Feuer, Wasser, Luft und Erde besitzt das Feuer ohnehin eine Initiativrolle; innerhalb des Feuers aber ist Widder das beginnende Zeichen. Er ist der »absolute beginner«: Er stößt auf (eigene) Betroffenheiten ohne Vorbild. Gewaltsames oder willenloses Handeln künden von der Herrschaft eines einseitig verstandenen »Mars«, der auf urwüchsige, noch namenlose Betroffenheiten mit Willkür oder mit Ohnmacht reagiert.

Neue Seiten am »Mars« und neue Verhaltensweisen am »Widder« zu entdecken, heißt auch, das persönliche Selbstverständnis zu erweitern. »Ich bin« lautet die astrologische Definition des Widders, die durch neue Erkenntnisse über Mars und Widder mit neuen Inhalten gefüllt wird.

# Beginnendes Feuer

Zusammen mit der Astrologie entstand vor einigen tausend Jahren die Vorstellung von den vier Grundelementen Feuer, Wasser, Luft und Erde. Diese Vorstellung hat das abendländische Denken weit über das Gebiet der Astrologie hinaus mitgeprägt. Wir treffen sie in den vier Jahreszeiten, den vier Himmelsrichtungen, den vier Temperamenten u.v.a.m. Teilweise haben die vier Elemente universelle Bedeutung erlangt, wie im Kreuzzeichen oder dem mathematischen Koordinatensystem. Auf psychologischem Gebiet liegt den vier Elementen die Vorstellung zugrunde, daß die Kenntnis der vier Elemente hinreichend und notwendig ist, um Verhaltens- und Charaktertypen zu bestimmen. Die Vier Elemente sind einer Windrose vergleichbar. Sie erlauben es, bestimmte Merkmale der seelischen Landkarte darzustellen und aufzufinden.

Innerhalb eines jeden Elements unterscheidet die Astrologie drei Ausprägungen:

- *Ein kardinales oder beginnendes Zeichen*
Hier geht es um die Beweggründe und die Triebkräfte des betreffenden Elements. Wie in einem Keim ist hier alles enthalten, das heißt besonders dicht und direkt, zum Teil sehr feingliedrig, zum Teil noch wenig differenziert. Hier werden Grundsätze und Leitmotive ausgebildet. – Für das Feuer ist dieses Zeichen der Widder.

- *Ein mittleres oder festes, festigendes Zeichen*
Das sogenannte »fixe« Zeichen betrifft die Mitte, die Verbindungslinien, die Zusammenhänge der Qualitä-

# Die vier Elemente

## Feuer

bedeutet Lebensfeuer, Lebensenergie, Begeisterung und Lebendigkeit. In der Natur sind es vor allem die Sonne, Feuer aller Art und Blitze, die in ihren verschiedenen Erscheinungs- und Wirkungsformen die Kraft des Elements Feuer zur Geltung bringen. Im menschlichen Verhalten verleihen besonders die *Daseinsfreude*, der *Wille* und die *Intuition* der Feuerkraft Ausdruck.

Weitere Merkmale des Elements Feuer: Lebenslust und Selbstbehauptung, Zeugungs-, Schaffens- und Gestaltungskraft, Einsatzbereitschaft und Macht, Durchsetzungsvermögen. Charakteristisch für das Element Feuer sind Entschlüsse und Taten. Schwierige Situationen (»Feuerproben«) werden gemeistert, indem man etwas tut: »*Es muß etwas geschehen.*«

Zum Element Feuer gehören die Tierkreiszeichen Widder, Löwe und Schütze.

## Wasser

bedeutet Lebenselixier, Lebensfülle, Seele und Seligkeiten. In der Natur bringen der Mond sowie Gewässer jeder Art die Kraft des Elements Wasser zum Ausdruck. Im menschlichen Verhalten sind es vor allem das *Gefühlsleben*, die *persönlichen Bedürfnisse* und *Leidenschaften*.

Weitere Merkmale des Elements Wasser sind Mitgefühl, Eingebungen, Träume, Stimmungen und das Unbewußte. Charakteristisch für das Element Wasser sind Offenheit und Hingabe. Schwierige Situationen (»sich freischwimmen müssen«) werden gemeistert, indem man die Gefühle prüft: »*Auf die richtige Einstellung kommt es an.*«

Zum Element Wasser gehören die Tierkreiszeichen Krebs, Skorpion und Fische.

## Luft

bedeutet menschliche Atmosphäre, Lebensgeister, geistige Energie und Gedankenwelt. In der Natur sind es der Luftraum und die Erdatmosphäre und im übrigen die Sterne (die durch die irdischen Luftschichten erst für uns funkeln), die die Kraft des Elements Luft in seinen verschiedenen Formen zur Geltung bringen. Im menschlichen Verhalten sind es besonders *Denken*, *Wissen* und *Vorstellungskraft*, Bewußtheit und Intelligenz, die dem Element Luft entsprechen.

Weitere Merkmale des Elements Luft: Geistesgegenwart und Gedankenkraft, Begriffe, Werte, Beurteilungen, ästhetische Maßstäbe und Mitteilungskünste. Charakteristisch für das Element Luft: Erkenntnisse und Entscheidungen. Schwierige Situationen (»harte Nüsse«) werden gemeistert, indem man die erforderlichen Lernprozesse bewältigt: »*Jetzt ist es klar.*«

Zum Element Luft gehören die Tierkreiszeichen Waage, Wassermann und Zwillinge.

## Erde

bedeutet Materie, Stoff, körperliches Leben und Lebenszyklen, insgesamt die materiellen Lebensverhältnisse. In der Natur ist selbstredend die Erde, auf der und von der wir alle leben, Inbegriff der Erdkräfte. Gemeint ist dabei sowohl die Erdkugel als Ganzes wie auch die Erde im Sinne von »Muttererde«, Sand, Stein usw. Im menschlichen Verhalten drücken sich die Kräfte des Elements Erde vor allem in *körperlichen Empfindungen* und *Wahrnehmungen* aus.

Weitere Merkmale des Elements Erde: *Praktische Fähigkeiten, angewandte Talente, genutzte Chancen*. Lebensunterhalt, Lebenserhaltung, Betroffenheit, Fruchtbarkeit, Wachstumskräfte und Natürlichkeit. Charakteristisch für das Element Erde sind Produkte – Ergebnisse, Fakten und Definitionen. Schwierige Situationen (»Belastungstests«) werden gemeistert, indem man für etwas eine feste Form schafft: »*So kann es bleiben; so ist es nun einmal.*«

Zum Element Erde gehören die Tierkreiszeichen Stier, Jungfrau und Steinbock.

ten des betreffenden Elements. Wie in einem blühenden Gewächs ist hier alles enthalten. Die Anlagen und Entwicklungslinien sind sichtbar, ausgewachsen, wenn auch noch nicht unbedingt ausgereift. Hier werden Muster und Komplexe ausgebildet. – Der Löwe ist das »feste« Feuerzeichen.

- *Ein schließendes, veränderliches und schlußfolgerndes Zeichen*

Dabei geht es um die Konsequenzen, die Extreme und die Zuspitzungen des betreffenden Elements. Wie in einer reifen Frucht ist hier alles enthalten. Stärken und Schwächen des Elements sind hier am deutlichsten zu unterscheiden, gehen hier jedoch auch am ehesten einen faulen Kompromiß ein. Hier werden Horizonte und Glaubenssätze ausgebildet. – Der Schütze ist das variable Feuerzeichen.

(Anzumerken bleibt, daß die drei Stufen oder Phasen eines Elements in der Wertigkeit oder unter den Gesichtspunkten von Vor- und Nachteilen untereinander gleich sind. Wie auch die zwölf Tierkreiszeichen: Sie unterscheiden sich in ihren Inhalten, Bedeutungen und Botschaften. Aber keines der zwölf Zeichen ist besser oder schlechter als ein anderes.)

Als beginnendes Feuer gleicht der Widder einmal dem »Lebensfunken«, dem Keim oder dem Wachstumsmotor eines jeden neuen Lebens. Wie erwähnt, symbolisiert das Feuer im menschlichen Verhalten weiterhin auch den Willen, und insofern betrifft der Widder als kardinales Zeichen die *Entdeckung und Formung des Willens*.

Die persönliche Identität (entsprechend der astrologischen Definition des Widders »Ich bin«) stellt dabei eine Voraussetzung wie auch ein Ergebnis der Formulierung des persönlichen Willens dar.

Im persönlichen Bereich symbolisiert der Widder die Selbstbehauptungs- und die Durchsetzungskräfte eines Menschen. Als Entsprechung im körperlichen Befinden werden dem Widder traditionell vor allem der *Kopf* sowie der Energieeinsatz zugeschrieben. Beim Kopf können tatsächlich oder symbolisch Scheitel, Stirn, das Gesicht, der Gesichtssinn (d.h. die Gestaltwahrnehmung), die Nase und zum Teil auch die Zähne für den Widder symptomatisch sein. Fieberzustände und speziell Scharlach können Widder-Probleme oder -Transformationen anzeigen. Dem Mars in seinen symbolischen Bedeutungen wird die Galle zugeordnet, Herz und Kreislauf sowie die Augen der »Sonne«.

## Astrologische Definitionen der Tierkreiszeichen

*Widder:*       *Ich bin.*
Stier:          Ich habe.
Zwillinge:      Ich denke.
Krebs:          Ich fühle.
Löwe:           Ich will.
Jungfrau:       Ich analysiere.
Waage:          Ich gleiche aus.
Skorpion:       Ich begehre.
Schütze:        Ich sehe.
Steinbock:      Ich nutze.
Wassermann:     Ich weiß.
Fische:         Ich glaube.

# »In jedem von uns steckt ein König«

## Der Widder in den Bildern des Tarot

Tarot hat sich einen Namen gemacht, und das in kurzer Zeit. Die Beschäftigung mit den 78 Bild- und Symbolkarten ist im deutschen Sprachraum seit Mitte der 1980er Jahre Bestandteil des öffentlichen Lebens. Millionen haben die Karten allein durch die großen Publikumszeitschriften kennengelernt, die inzwischen eifrig eine Erfahrung verbreiten, die nicht lange zuvor den meisten Menschen hierzulande unbekannt war. Filme, Ausstellungen, Romane und Musikstücke präsentieren Tarot-Themen und tragen zur Popularität ein übriges bei. Millionen Menschen legen sich mehr oder weniger regelmäßig die Karten. Tarot ist zu einem Teil des Alltags geworden.

Mit der raschen Verbreitung der Karten hat sich eine *neuartige Tarot-Praxis* entwickelt und eingebürgert, die bisher noch keinen adäquaten Begriff gefunden hat. Die wichtigsten traditionellen Spielarten des Tarot-Kartenlegens waren die Wahrsagerei und die Interpretation der Karten im Sinne der klassischen Esoterik. Beide Umgehensweisen sind aber nicht typisch für die bestehende Tarot-Szene, obwohl sie sicherlich noch ihre Rolle spielen.

Erst im Laufe dieses Jahrhunderts hat sich die *bildhafte* Betrachtung der Tarot-Karten durchgesetzt. 1910 wurde das erste Tarot-Spiel – das Rider-Waite-Tarot – veröffentlicht, das nicht nur die 22 »großen« oder

Trumpfkarten, sondern durchgängig alle 78 Tarot-Karten mit symbolischen Bildern ausstattete. Für die neue Tarot-Begeisterung in den letzten Jahren und Jahrzehnten war die bildhafte Wahrnehmung der Karten bereits eine Selbstverständlichkeit.

Insofern wir jedoch *Bildern* begegnen, unterscheidet sich das Tarot wesentlich von Wahrsagerei und schulmäßiger Esoterik, welche jeweils mit engumrissenen, festgelegten Bedeutungen pro Karte arbeiten. Ein Bild läßt sich nicht einfach durch Definitionen ausschöpfen; die Begegnung mit einem Bild ist jeweils auch eine subjektive, persönliche und situationsbezogene Angelegenheit. Dieses mehr oder weniger *unmittelbare Erlebnis* der eigenen Anschauungen und Betroffenheiten – jenseits und im Vorfeld festgelegter Begriffe und Bewertungen – hat unzählige Menschen am Tarot fasziniert und beflügelt sie auch weiterhin.

## Abenteuer Tarot

Im Mittelpunkt des großen aktuellen Interesses steht das eigentliche Kartenlegen. Dabei wird auf eine selbstgewählte Frage hin »blind« eine Anzahl von Karten gezogen und nach einem der vielen Legemuster ausgelegt. Die ausliegenden Bilder zusammen beantworten die gestellte Frage. Dabei sind sowohl die Bedeutungsgeschichte, also die in Büchern nachzulesenden Kartenerklärungen, wie auch die ganz spontane und persönliche Sichtweise der Karten im gegebenen Augenblick am Zustandekommen der gesuchten Antwort beteiligt.

Das Faszinierende ist, daß das Tarot-Kartenlegen *funktioniert*, daß es zu Antworten und Einsichten führt, welche genauso zu bedenken und zu prüfen sind, wie alle sonstigen persönlichen Erkenntnisse auch – nur daß sich hier oftmals eine völlig überraschende, unbekannte oder unerklärliche Logik offenbart, die so fremd und doch so vertraut erscheint, wie es auch bei Träumen oft der Fall ist. Nicht selten gewinnt man sogar den Eindruck, als würde diese Logik, die scheinbar aus den Karten spricht, eine/n besser kennen als man selbst.

Diese häufig so verblüffende Wirkungsweise des Tarot-Kartenlegens muß man selbst ausprobiert haben. Sie ist auf der einen Seite völlig real; man hat buchstäblich die Karten selbst in der Hand. Zugleich ist es eben oftmals auf eine wunderbare und zauberhafte Weise den vertrauten Begriffen enthoben, was man dabei erlebt.

In das Tarot-Kartenlegen ist deshalb viel hineingeheimnist worden. Diverse anonyme Wesenheiten oder »kosmische Mächte« wurden bemüht, um das Abenteuer des Tarot einerseits rasch wieder in griffige Kategorien und andererseits ins Unerfindliche zu drängen. Besser ist es, den Widerspruch zwischen gewohnter Realität und der »Anderswelt« der Tarot-Erfahrung zunächst einmal bestehen zu lassen, ihn auch als einen (inner-)persönlichen Widerspruch zu begreifen und sich sodann aus der eigenen Erfahrung heraus einem persönlichen Verständnis des Tarot-Kartenlegens anzunähern.

Nähere Hinweise zum praktischen Tarot-Kartenlegen finden sich anschließend. Ab Seite 53 werden die speziellen Tarot-Karten des Widders erläutert.

# Tarot-Kartenlegen

Zum Tarot-Kartenlegen gehört die Symboldeutung, aber auch der Mut, den Gefühlen und den manchmal unbekannten Wirklichkeiten der eigenen Person ins Auge schauen. Man beginnt am besten mit der »Tageskarte«. Morgens oder abends wird täglich oder doch einigermaßen häufig eine Karte gezogen – als Symbol, als Motivierung oder als besinnlicher Reflex des persönlichen Tagesgeschehens. Die Bedeutungen dieser Tageskarten sollen zunächst individuell und intuitiv erfaßt werden. Später können zusätzliche Interpretationen aus der Tarot-Literatur zu Rate gezogen werden. Zwei (der zahlreichen) Muster für das weitere Tarot-Kartenlegen:

| 2 | 1 | 3 |

1 – Aktuelle Situation
2 – Vergangenheit oder das, was schon da ist
3 – Zukunft oder das, was neu zu beachten ist

| | 5 | |
| 2 | 1 | 3 |
| | 4 | |

1 – Schlüssel oder Hauptaspekt
2 – Vergangenheit oder das, was schon da ist
3 – Zukunft oder das, was neu zu beachten ist
4 – Wurzel oder Basis
5 – Krone oder Chancen

Zum praktischen Vorgehen:

- Benutzen Sie alle 78 Karten eines Tarot-Spiels. Die Sitte, nur 22 Karten zu verwenden, stammt aus der Zeit von vor 1910, als für nur 22 Karten (die sog. Großen Arkana) Bilder existierten. Heute ist die generelle Beschränkung nicht mehr sinnvoll.
- Überlegen Sie sich Ihre Frage, die Sie nun an die Tarot-Karten richten möchten. Für die Art der Frage gibt es keine zwingenden Ge- und Verbote.
- Wichtig ist zu wissen: Die Karten wirken wie ein Spiegel. Sie können Fragen über zweite und dritte Personen stellen. Die Antwort der Karten schließt dabei stets Ihr Verständnis und Ihr Verhältnis zu diesen Personen mit ein. Wenn Sie Fragen über andere Personen stellen, sind dennoch auch Sie selbst mit im Spiel.
- Mischen Sie die Karten, wie Sie es gewohnt sind. Alle verpflichtenden Vorschriften (Kartenziehen mit links; Mischen durch Rühren auf dem Tisch usw.) sind Humbug. Nichts gegen ein persönliches Ritual. Aber keine verpflichtenden Vorschriften.
- Legen Sie nach einem Legemuster aus, das Sie zuvor ausgewählt haben. Sie können dazu Legemuster aus der Literatur benutzen, aber auch eigene entwerfen (vor einer Kartenbefragung).
- Ziehen Sie die Karten, wie Sie es gewohnt sind. Legen Sie sie verdeckt in Form des Legemusters vor sich hin.
- Die Karten werden dann (im Normalfall) *einzeln* aufgedeckt. Erst wenn die Betrachtung und Interpretation einer Karte beendet ist, soll die nächste aufgedeckt werden.

- Alles, was während einer Kartenbefragung geschieht, kann zum Inhalt der gesuchten Antwort gehören.
- Die Antwort auf Ihre Frage geben *alle* Karten einer Auslage zusammen.

Eine Auslage, die sich besonders für den Widder eignet:

»*Mut zur Lücke*«

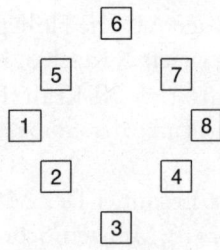

1 – Das ist möglich
2 – Das ist wichtig
3 – Das ist mutig
4 – Das ist nichtig

5 – Das ist nötig
6 – Das ist heiter
7 – Das ist witzig
8 – Das führt weiter

# Tarot und Tierkreiszeichen

*Widder:* IV-Der Herrscher, XVI-Der Turm, Königin der Stäbe, Stab 2, Stab 3, Stab 4

*Stier:* V-Der Hierophant, III-Die Herrscherin, König der Münzen (Prinz der Scheiben), Münzen (Scheiben) 5, 6 und 7

*Zwillinge:* VI-Die Liebenden, I-Der Magier, Ritter der Schwerter, Schwert 8, Schwert 9, Schwert 10

*Krebs:* VII-Der Wagen, II-Die Hohepriesterin, Königin der Kelche, Kelch 2, Kelch 3, Kelch 4

*Löwe:* VIII-Kraft (= XI-Kraft/Lust), XIX-Die Sonne, König (Prinz) der Stäbe, Stab 5, Stab 6, Stab 7

*Jungfrau:* IX-Der Eremit, I-Der Magier, Ritter der Münzen (Scheiben), Münzen (Scheiben) 8, 9 und 10

*Waage:* XI-Gerechtigkeit (= VIII-Gerechtigkeit/Ausgleichung), III-Die Herrscherin, Königin der Schwerter, Schwert 2, Schwert 3, Schwert 4

*Skorpion:* XIII-Tod, XX-Gericht (= XX-Äon), König (Prinz) der Kelche, Kelch 5, Kelch 6, Kelch 7

*Schütze:* XIV-Mäßigkeit, X-Rad des Schicksals, Ritter der Stäbe, Stab 8, Stab 9, Stab 10

*Steinbock:* XV-Der Teufel, XXI-Die Welt/Das Universum, Königin der Münzen (Scheiben), Münzen (Scheiben) 2, 3 und 4

*Wassermann:* XVII-Der Stern, 0-Der Narr, König (Prinz) der Schwerter, Schwert 5, Schwert 6, Schwert 7

*Fische:* XVIII-Der Mond, XII-Der Gehängte, Ritter der Kelche, Kelch 8, Kelch 9, Kelch 10

# Tarot-Karten für den Widder

Nach einem heute weit verbreiteten Verfahren, welches vor rund 100 Jahren der Golden-Dawn-Orden, eine englische Rosenkreuzer-Vereinigung, entwickelte, werden jeder Tarot-Karte bestimmte astrologische Konstellationen zugeordnet (vgl. Anmerkung S. 145 f.). Zu jedem Tierkreiszeichen gehören danach sechs Karten, die zusammen ein Bild für das betreffende Zeichen ergeben.

Für den Widder sind dies die Karten:

- IV-Der Herrscher (Der Kaiser)
- XVI-Der Turm
- Königin der Stäbe
- Stab 2
- Stab 3
- Stab 4

Sie sehen diese Kartenbilder in der Darstellung des Rider-Waite-Tarot (Seite 54 f.), des Crowley-Tarot (S. 56 f.) und des Ancien Tarot de Marseille (S. 58 f.). Weltweit gibt es derzeit über 300 verschiedene Sorten Tarot-Karten. Davon sind diese drei Spiele mit Abstand die bewährtesten. Die Art der Darstellung unterscheidet sich von einem Tarot-Spiel zum anderen bisweilen erheblich. Gemeinsam haben die verschiedenartigen Bildgestaltungen jeweils einen oder mehrere thematische Bezugspunkte. Sie verkörpern auf unterschiedliche Weise eine selbe Situation. Nur der Zugang erfolgt von verschiedenen Richtungen aus. – Wenn Ihnen Tarot-Karten zur Verfügung stehen, benutzen Sie diese bei den folgenden Bildbetrachtungen.

# Rider-Tarot

Das Rider-Tarot wurde von Pamela Colman Smith und Arthur E. Waite entwickelt und erschien 1910 im Londoner Verlag Rider.
Abbildungen: IV-Der Herrscher und XVI-Der Turm

*Abbildungen: Königin der Stäbe – Stab 2 – Stab 3 – Stab 4*

# Crowley-Tarot

*Lady Frieda Harris und Aleister Crowley stellten dieses Tarot 1943 fertig. Auf gedruckten Karten erschien es zuerst 1969 in den USA.
Abbildungen: IV-Der Kaiser und XVI-Der Turm*

Königin der Stäbe

Herrschaft

Tugend

Vollendung

*Abbildungen: Königin der Stäbe – Stab 2 – Stab 3 – Stab 4*

# Marseiller Tarot

*Die hier abgebildete Ausgabe des »Ancien Tarot de Marseille« wurde, auf der Basis älterer Vorlagen, 1930 in Paris veröffentlicht.*
*Abbildungen: IV-Der Kaiser und XVI-»Haus Gottes«*

*Abbildungen: Königin der Stäbe – Stab 2 – Stab 3 – Stab 4*

# Herrscher für immer – Anfänger auf Lebenszeit!

*Abbildungen: Karte IV-Der Herrscher/Der Kaiser Rider-, Crowley- und Marseiller Tarot (v.l.n.r.)*

Der »Herrscher« im Tarot, auch »Der Kaiser« genannt, stellt eine *große Karte*, eine große Station des Lebens dar. Grundlegende Erfahrungen von Macht und Ohnmacht, von Souveränität und Bevormundung können sich bei der persönlichen Betrachtung des Kartenbildes einstellen. Alle angenehmen und unangenehmen Seiten der Begegnung mit dem männlichen Geschlecht, mit

Vaterfiguren, Autoritäts- und Amtspersonen können in der persönlichen Sichtweise der Karte wieder auftauchen. Die persönliche Macht, die »männlichen« Kräfte und die »väterliche« Autorität in sich *selbst* zu entdecken, sie zu verstehen und wirklich einzusetzen, ist das A und das O bei dieser Karte – für Frauen wie für Männer.

In den Bildern des »Herrscher« läßt sich ein deutlicher Unterschied zwischen einer alten und einer neuartigen *Machtpolitik* ablesen. Und diese neue Form einer persönlichen Macht soll hier für das Verständnis des *Widder in uns* im Vordergrund stehen.

Das Rider-Bild stellt auf der einen Seite eine völlige Verhärtung dar. Eine menschliche Versteinerung und ein »Charakterpanzer« sind mögliche Folgen des Feuers. Kargheit, Unfruchtbarkeit, gefährliche Willkür, zerstörerische und nicht zuletzt selbstzerstörerische Konsequenzen können eine solchermaßen »alte« Ellenbogen-Machtpolitik auszeichnen. Auf der anderen Seite besitzt dasselbe Bild eine Bedeutung, welche der Symbolik des siegreichen Neuanfangs, des neugeborenen Lamms entspricht (s. das fahnentragende Lamm im Crowley-Bild). Die felsigen Berge und der steinige Thron im Rider-Bild bedeuten dann die permanente Begegnung mit der *Mondlandschaft* des Unbewußten und des Unbekannten. *ES* will erkundet und fruchtbar gemacht werden. »Herrschen« bedeutet dann: Für sich herrschen, sein eigener Herrscher sein, sich beherrschen, und das heißt wiederum, Energien weder zu verdrängen noch sich ihnen auszuliefern, sondern vielmehr mit ihnen zu leben, sie »umzuschmieden« und sie nach Wille und Notwendigkeit einzusetzen.

Traditionelle Auffassungen sahen den »Herrscher«, wie auch den Widder und den Mars, als eine reflexhafte

Kämpfernatur, als den im Grunde seines Herzens unbewußten Helden oder als das unbewußte Opfer von Trieben und Leidenschaften. Nehmen wir das Grau des Throns im Rider-Bild als ein Zeichen des Unbewußten, so zeigt sich dieser traditionelle Herrscher im Bild als ein egostarker Machthaber, der gleichwohl vom unbewußten Grau umschlossen bleibt. Das Schwarze im Untergrund des Throns steht u. a. für Verdrängtes und für Unbekanntes. Solange dieses Schwarze vergessen und verborgen bleibt, bedeutet es eine Zeitbombe, welche jederzeit den Herrscher-Thron erschüttern kann.

Jenseits von Ellenbogen- und Rammbock-Manieren, aber auch jenseits von »lahmen«, langweiligen Absagen an Kampf und Auseinandersetzung, gibt es »andere« Wege, den *Krieger* oder die *Kriegerin* in uns zu entwickeln. Impulse für eine entsprechende Neuorientierung kommen aus sehr vielen Bereichen. Die asiatischen Kampfsportarten (wie Karate, Taekwondo u. a.) sollen hier besonders erwähnt werden sowie, als weiteres Beispiel, die recht verbreiteten Schriften von Carlos Castaneda, in welchen das positive Leitbild eines »spirituellen Kriegers« großen Raum einnimmt.

Unter neuer Betrachtung ist es der bewußte Umgang mit dem Unbewußten, welcher eine *Selbst-Regierung* begründet. Die Arbeit mit dem Unbewußten ist wie eine Steinbrucharbeit: Hart und kultivierend, mit tragfähigen Ergebnissen. Der Schlüssel dazu sind durchaus traditionelle »Herrscher«-Attribute, wie Willensstärke, Entschlossenheit, Lust, Umsetzung persönlicher Bedürfnisse in die Tat, Vertrauen in die eigenen vitalen und geistigen Fähigkeiten, Suche nach neuen Zielen, Aktivität und Einsatzbereitschaft, »positive Aggressionen« u. a. m. Nur daß wir diese königlichen

Eigenschaften nun nicht mehr *machen* und nachmachen, sondern nur *sein* können (indem wir uns in jedem Augenblick selbst wahrnehmen).

Das Ziel jeder Eroberung und Expansion ist man in aller Regel jeweils auch selber. Wenn Erkundung und Eroberung nur Unterwerfung und Vernichtung des Gegners zum Ziel haben, zerstören sie das eigene Selbstgefühl und die persönliche Identität. Die Vernichtung von Widersprüchen führt in der Regel zur Vernichtung eben der Reibungswiderstände, die das Feuer immer wieder anfachen. Der glücklichere Weg liegt in der *Lust am Widerspruch*: An Auseinandersetzungen, welche Lösungen, keine Friedhofsruhe, sondern neue wachsende Energien bringen. Der Antrieb des »Herrschers« ist nunmehr der Trieb, ganz Er/Sie selbst zu sein – der unwillkürliche Wille (die sogenannte »absichtslose Absicht«), nicht mehr und nicht weniger, nichts anderes als man selbst zu sein.

Zu den Bildsymbolen im einzelnen: Der Adler (Marseiller und Crowley-Tarot) ist zum einen traditionelles Herrscherabzeichen, zum anderen bedeutet er aber auch die Kunst zu fliegen, von welcher wir bei der folgenden Karte »Der Turm« mehr erfahren werden. Der *doppelte Adler* im Bild des »Kaiser« (Crowley-Tarot) bedeutet einen *königlichen* Widerspruch oder, in anderen Worten, die königliche Bedeutung der Polaritäten. Von der Lust am Widerspruch war schon die Rede, und das Crowley-Bild verdeutlicht diese Lust auch durch die pulsierenden Atomkerne, welche in halber Bildhöhe auf der linken und der rechten Seite dargestellt sind. Es kommt natürlich darauf an, in der Lust am Widerspruch die eigene Mitte nicht zu vergessen, sondern gerade diese zu ermitteln. Dies symbolisiert der rote

Reichsapfel, welchen der »Kaiser« (im Crowley-Bild) in der Mitte seines Schoßes hält, und von welchem aus sich das Widderzepter erhebt.

Das Zepter begegnet uns im Rider-Bild in der Form der Crux ansata. Dieses ägyptische Henkelkreuz ist ein Zeichen der Zeugungskraft und damit, ebenso wie der Goldapfel und die Krone, ein Symbol des sich erneuernden Lebens. Die Kugel stellt ein Symbol der Ganzheit, der Vollkommenheit dar. Eine *goldene* Kugel ist Sonnensymbol und als Reichsapfel Zeichen königlicher Macht.

## Hochspannung

*Abbildungen: Karte XVI-Der Turm*
*Rider-, Crowley- und Marseiller Tarot (v.l.n.r.)*

Des Widders Besonderheit ist seine reine, un-bedingte Energie, und wenn er ihr folgt, seine einzigartige Nähe zu sich selbst, seine Identität. – Auf den ersten Blick sieht die Karte »Der Turm« meist sehr gefährlich aus und scheint eher davor zu warnen, denn dazu einzuladen, sich den eigenen Widderkräften und dem Land von Macht und Abenteuer anzuvertrauen. – Tatsächlich zeigt diese Karte jedoch eine große Station des Tarot, welche sehr spannend, aber nicht unbedingt gefahrvoll ist. Im Motiv des »Turm« verbirgt sich jedenfalls *auch* die Quelle jener »Power auf Dauer«, der erneuerbaren Energie sowie der sich wandelnden und sich gleichbleibenden Identität des Widders.

Beim Marseiller und beim Rider-Bild des »Turm« geht es u.a. darum, den Absprung vom versteinerten, abgehobenen Elfenbeinturm zu wagen – auch wenn, wie im Rider-Bild, noch nicht zu erkennen ist, wohin die Reise führen wird. Erschütterungen und unfreiwillige Entschlüsse bedeutet diese Karte immer dann, wenn der persönliche Wille einen gewaltigen äußeren Anstoß erfährt. Andererseits spricht das Bild auch von der Lust, vom Turm zu springen und aus den Wolken zu fallen. Man kann *diese* Bedeutung der Karte sogar *kultivieren* – wie z.B. das Turmspringen (vom Turm ins Wasser oder ins Sprungtuch) und wie das Fallschirmspringen.

Das Crowley-Bild greift das Motiv des zerbrochenen Spiegels auf. Wie ein unfreiwilliger Schubs vom Turm, so kann ein zerstörtes Spiegelbild schlimmstenfalls den Verlust der eigenen Identität bewirken bzw. hier im Bilde anzeigen. Andererseits, so lustvoll und abenteuerlich es sein kann, sich im guten Sinne »fallenzulassen« (d.h. sich als ganze Person einzubringen), genauso angenehm und aufregend bedeutet der zerbrochene Spiegel auch ein Symbol der Unmittelbarkeit: Das Mittelbare, das Symbolische, das Vorgespiegelte geht verloren. Es fällt einer/m wie Schuppen von den Augen.

Zwei besondere archetypische Situationen sind im Bild des »Turm« enthalten: Babel und Pfingsten. Der Turmbau von Babel war Ausdruck der Hybris, des menschlichen (oder eines speziellen männlichen) Größenwahns. Er führte zur Preisgabe des Bauwerks, zur Zerstörung des Turms der Errungenschaften und auch zur bekannten »babylonischen« Sprachverwirrung: Die Menschen verstanden einander nicht mehr.

Das Pfingstereignis stellt eine Umkehrung des babylonischen Turmbaus dar. In der biblischen Apostelgeschichte heißt es dazu: »Als der Pfingsttag gekommen war, befanden sich alle am gleichen Ort. Da kam plötzlich vom Himmel her ein Brausen, wie wenn ein heftiger Sturm daherfährt, und erfüllte das ganze Haus, in dem sie waren. Und es erschienen ihnen Zungen, wie von Feuer, die sich verteilten; auf jeden von ihnen ließ sich eine nieder. Alle wurden mit dem heiligen Geist erfüllt und begannen, in fremden Sprachen zu reden, wie es der Geist ihnen eingab. (...) Als sich das Getöse erhob, strömte die Menge zusammen und war ganz bestürzt: Denn jeder hörte sie in seiner Sprache reden.« Statt Verfestigung, hier also eine Aufhebung der Sprachgrenzen. Die Feuertropfen oder Feuerzungen erkennen wir im Rider-Bild, und die weiße Taube als Symbol des heiligen Geistes u. a. im Crowley-Bild. Babel und Pfingsten zeigen zwei gegensätzliche Pole der Nutzung der Mars-Energie, welche sich hier endlich als *High energy, als Ekstase* zu verstehen gibt. »Sie gerieten außer sich«, so fährt die schon zitierte Apostelgeschichte fort, »sie gerieten außer sich vor Staunen und sagten: ›Sind das nicht alles Galiläer, die hier reden? Wieso kann sie jeder in seiner Muttersprache hören‹ (…). Die einen sagten zueinander: ›Was hat das zu bedeuten?‹ Andere aber spotteten: ›Sie sind vom süßen Wein betrunken.‹«

Auch in den mythologischen Schilderungen des Ares (des griechischen *Mars*) taucht »Trunkenheit« oder immer wieder »trunkene Raserei« auf. Da handelte es sich zumeist um besinnungslosen Kampfgeist. So oder so: Die Mars-Energie ist gewaltig wie ein Blitz (Rider-Tarot) und heilig wie das Auge Gottes (Crowley-Bild).

Die Kraft der Unmittelbarkeit, die dem Augenblick verpflichtete Mars-Energie, bringt Elfenbeintürme ins Wanken, und indem sie die Vorstellungsbilder, die »images« aufbricht, schaut diese hochwirksame Energie hinter die Spiegel – hinter die Kulissen und die Masken. Ein entwickelter Widder in uns ist nötig, um diese Energie zu leiten – um, wie es ein fernöstliches Sprichwort sagt, »den Tiger zu reiten«. Wo dies gelingt, sind wir bei Gott zu Hause. »La Maison Dieu« – das Haus Gottes oder Gott als Heimat – lautet der Titel des traditionellen Marseiller Tarot.

*Fliegen lernen*

*Ein Flug zusammen
ist besser
als der freie Fall allein
aber
schlimm ist
ein Kreisen auf der Stelle
mit wem auch immer*

(frei nach R. Schneider)

# Tiger im Tank

*Abbildungen: Karte Königin der Stäbe
Rider-, Crowley- und Marseiller Tarot (v.l.n.r.)*

Zum Typus Widder gehört der Umgang mit Urkräften, welche archetyptische Bedeutung besitzen und bis in mythische Vorzeiten zurückführen. Ein Bild für diese Urkräfte bietet das Motiv der wilden Katze. Die »schwarze Katze« (Rider-Tarot) symbolisiert Eigenwilligkeit, ungestüme Lebens- und Sexualkraft, sogar Überwindung des Todes und der Todesfurcht, aber auch räuberische Aggressivität und »gerissene« Heimtücke. Viele Hexenlegenden erzählen von der nächtlichen Verwandlung der Hexen in schwarze Katzen, welche – besonders beliebt auf Bäumen – orgiastische Feste feierten. Der gefleckte Leopard (im Crowley-Bild) stellt das gleiche Motiv dar. Während die schwarze Katze zusätzlich mit dem Hexenwesen, mit Aberglauben sowie dem berühmten »Teufel im Detail«

zusammenhängt, so bringt die große Raubtierkatze besonders die Instinkte der Jagd mit ins Spiel. Jäger und Gejagter – Jägerin und Gejagte – sind (wie an anderer Stelle Hirt und Schaf) kennzeichnende Widder-Themen.

Unsere Kulturgeschichte hat – mit Recht und auch ohne – viel von dieser »animalischen Wildheit« entweder auf Heroen-, Märtyrer- und Heldengestalten hingelenkt oder aber – verdrängt. Auf der einen Seite gab und gibt es, neben dem Militär, von Herakles (Herkules) bis zu 007 James Bond eine Linie von legalisierten, verherrlichten Symbolfiguren, welche eine persönliche »Lizenz zum Töten« besaßen; und diese »Lizenz« bedeutete in erster Linie das Recht und die Pflicht, dem »Tiger« ins *Auge* zu schauen und dabei zu gewinnen. Neben den Heroen steht jedoch die ebenso lange Reihe der Gestalten der verdrängten oder verteufelten Trieb-Kräfte. Die wilde Katze gilt dabei im besonderen als Kennzeichen des Weiblichen. Auf »wilde Frauen« – eben »Katzen« und »Hexen« – wurde oft der nicht-»lizenzierte« Teil jener tigerhaften Leidenschaft projiziert und abgeschoben. Die schon erwähnten Hexenlegenden und unzählige Filme, Theaterstücke usw. – z. B. von »Der Widerspenstigen Zähmung« über »Kiss me, Kate«, »Pussy Cat« und »Cats« bis zu den verschiedenen Versionen von »Cat People« – legen davon Zeugnis ab.

Der »männliche« Kampfesheld und die »weibliche« Königin der Leidenschaft – beide beschreiben den Widder-Typus, und beide stellen den Widder in uns vor die Aufgabe, diese ungeheuren Lebenskräfte bewußt einschätzen und bewußt einsetzen zu lernen.

Man muß sich noch einmal die Bilder vom »Herrscher« und vom »Turm« vor Augen führen. Die Zeiten der Jagd als Existenzform, als Lebensunterhalt sind lange vorbei. Aber nicht die Erfahrungen des »Herrschers« und des »Turms« – in einem fremden oder unbekannten Land ganz auf sich selbst gestellt zu sein, sich in Situationen und Aufgaben wiederzufinden, von denen man zuvor absolut nichts gewußt hat usw. Durch die großen Kriege, aber auch durch vielfältige politische und kulturelle Veränderungen ist in diesem Jahrhundert die persönliche und individuelle Konfrontation mit »Herrscher« und »Turm« zu einem Massenthema geworden. Entwurzelt zu sein, »geworfen« zu sein, sich als »riders on the storm« (Sturmreiter) zu empfinden – all dies ist neu, all dies bereitet in der Lösung, in der Aufhebung zwar Lust, ist jedoch nicht nur mit dem Reiz des Neuen, sondern auch mit der Angst des Unbekannten behaftet. –

Die »Stäbe« im Tarot entsprechen dem Element Feuer.

> Stäbe stehen für Wille, Lebensenergie, Daseinsfreude und Selbstbehauptung, für Kreativität, Schaffenskraft und Wachstum. Die Welt der Stäbe ist die Welt der Entschlüsse und Taten, des Engagements, der Verwirklichung und der Macht. Stäbe handeln von Unternehmungen und Auftritten, von Identität, Selbstvertrauen, Intuition, Begeisterung und Erfolg.
>
> Stichworte zur Symbolik: *Stäbe – Das Holz, das dem Feuer Nahrung gibt*: Die Triebe der Pflanzen und – übertragen – die *persönlichen Triebe* (Antriebe, Bestrebungen). Das männliche Erbe; Lebensenergie, Lebensverzehr; Sonne. Sprößling (auch: Kind), Wurzel (auch: Vorfahre). Frühlingsgrün, Knüppel, Brennmaterial, Baustoff. Wachstum, Zeugungs-, Schaffens- und Gestaltungskraft. Lebenslust, Entschlossenheit, Tat, Wille. – Feuerregen, Feuersturm, Feuerwerk, Fegefeuer. Sonnenschein, Sonnenblumen, Sonnenwende.

Die *Königin* betont dabei (im Unterschied etwa zum König oder zum Ritter der Stäbe) vor allem eine *spontane* Souveränität sowie eine *selbstverständliche* Würde im Umgang und durch den Umgang mit dem Feuer. Einig sind sich die meisten Deuter/innen, daß die Königin der Stäbe eine ungemein faszinierende, »magnetische« Persönlichkeit darstellen kann, wenn ihr Feuer mit Lust und Liebe brennt.

## Teile und herrsche

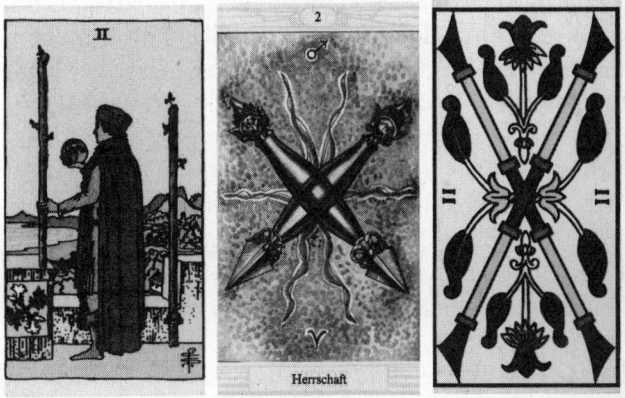

*Abbildungen: Karte Stab 2*
*Rider-, Crowley- und Marseiller Tarot (v.l.n.r.)*

Die Karte »Stab 2« ist der astrologischen Konstellation »Mars in Widder« zugeordnet, welche – neben ihrer allgemeinen Gültigkeit für den Widder-Monat – speziell die 1. Dekade des Widders (21.–31.3.) regiert.

»Divide et impera« – teile und herrsche – dieses Motto hatten die römischen Feldherren jener widderhaften Zeit vor rund 2000 Jahren zwar nicht erfunden, aber selbsttätig zu einer erfolgreichen Maxime entwickelt. So spielten sie etwa bei der Eroberung und »Befriedung« Germaniens die Stämme gegeneinander aus, versuchten innerhalb der Führung eines Stammes und zwischen Führern und Heervolk zu spalten usw. Aus diesen und anderen Gründen hat das geflügelte Wort »Teile und herrsche« einen deutlich sarkastischen Unterton.

Allerdings können Macht, Politik, Kampftaktik u. a. auch positive und äußerst angenehme Bedeutungen einnehmen. Und in diesem Zusammenhang ist die Devise »Teile und Herrsche« für den Widder in uns so etwas wie das kleine Einmaleins, eine notwendige Voraussetzung seiner Selbst-Bestimmung. Teilen und herrschen heißt hier, machtvolle Instinkte, prägende Urerfahrungen, große Tagesaufgaben oder eine spannungsvolle Ungeduld sich *einteilen* und dadurch beherrschen zu können. Was im Rider-Bild so einfach, so unspektakulär aussieht: Eine Hand faßt den einen Stab, eine Hand die Kugel und ein Stab bleibt unberührt, dies ist für den Widder in uns eine im wahrsten Sinne des Wortes *bahnbrechende Aktion*! (Dieses Rider-Bild erinnert im Aufbau an das Crowley-Bild vom »Kaiser«.) Hier wird nicht weniger verlangt als (1) am Ganzen festzuhalten, alle Energien eines Augenblicks sowie sich selbst *ganz* in die Hand zu nehmen (wie die Weltkugel) und zugleich (2) sich auf den nächsten Schritt zu konzentrieren, sich *stückweise* Ziele zu setzen, den geeignetsten Stab (Trieb, Antrieb) einzusetzen und ungeeignete Impulse und Energien loszulassen bzw. ruhigzustellen. Im ganzen nur Stückwerk zu fabrizieren – oder aber Stück für Stück etwas Ganzes zu schaffen, so lautet eine Kardinalfrage des Widders. Er kann im Leben vieles erreichen und doch das Ganze verpassen – und umgekehrt, zum Widder- und zum »Herrscher«-Glück, vermag er vieles scheitern zu lassen und doch das Ganze zu gewinnen.

Für die richtige Verbindung von Stückwerk und Festhalten am Ganzen ist es entscheidend, daß der Widder selbständig und umfassend ein geeignetes Weltbild erwirbt und die ihm gemäße Weltanschauung nicht nur in der Hand hält (wie Stab und Kugel im Rider-Bild), sondern auch begreift.

## Die bewußte Sonne

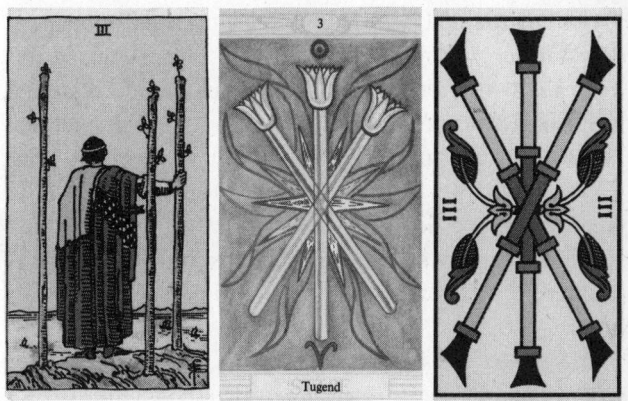

*Abbildungen: Karte Stab 3*
*Rider-, Crowley- und Marseiller Tarot (v.l.n.r.)*

»Sonne im Widder« – die erhöhte Stellung der Sonne, die für das gesamte Tierkreiszeichen gilt – ist speziell noch einmal der 2. Dekade des Widder-Monats (1.-10. April) sowie dieser Karte »Stab 3« zugeordnet.

Die »zwei Stäbe« machen zum Thema, wie wir mit widersprüchlichen Trieben (Flammen, »Stäben«) umgehen, und dazu gehört auch die Frage, wie wir den Teil und das Ganze der riesigen Lebensenergien unterscheiden und verbinden. *Karten mit der Zahl Drei stellen eine abgerundete oder eine zugespitzte Situation dar, in welcher die Polaritäten der Zwei entweder zu einem ganz neuen Problem oder zu einer gelungenen Synthese finden.*

Betrachten wir zunächst das Bild aus dem Rider-Tarot. Eine Person steht an einem Ufer, auf einer Anhöhe. Vor ihr liegen ein goldfarbenes Meer oder eine gelbsandige Wüste und vis-à-vis das andere Ufer, ein fremder Kontinent. Einmal zeigen sich in diesem Bild die sprichwörtliche Tatkraft und der Unternehmungsgeist des Widders. Damit sind so schöne Eigenschaften wie Vertrauen auf die eigene Kraft, Lust auf Abenteuer und Einsatzbereitschaft angesprochen. Es zcichnet den Widder in uns aus, daß er Grenzen weniger als Hindernis, denn als Ansporn erlebt. Widersprüche und Gegensätze werden auf diese Art nicht nur erduldet, sondern werden selber zum Gegenstand von Entdeckungen, die zu neuen kreativen Möglichkeiten Anreiz bieten.

Die Dinge des Lebens zu nehmen, wie sie sind (einschließlich all ihrer noch unentdeckten Seiten), und mit ihnen ganz neue Projekte zu starten, welche der eigenen Persönlichkeit entsprechen, – darin besteht eine besondere Leidenschaft des Widders. Darauf spielt auch der Titel der Crowley-Karte »Tugend« an: Not macht erfinderisch (wenn man sich von ihr nicht schach-matt setzen läßt); Tatendrang und Erfindungsgeist des Widders bewähren sich nicht zuletzt in den

Fällen, in denen es gilt, »aus der Not eine Tugend« zu machen.

Damit gibt die Rider-Karte auch ein Bild der Ruhe und der Besonnenheit. Man hat getan, was zu tun war; man besitzt seine Möglichkeiten und nutzt sie. Die Bäume (die Stäbe) sind gepflanzt, die Schiffe (klein im Bild) sind ausgesandt, die Projekte laufen. Nun heißt es: Abwarten und sich bereithalten. – Bewußtheit in der Bewegung, Ruhe während der Veränderung, ein Blick für das Ganze, »Nichtstun« als Moment der Entschlossenheit, – auch darin zeigen sich weitere Qualitäten, die den Widder in dem Maße auszeichnen und krönen, wie die »Sonne« hier in ihre erhöhte Position gelangt.

Allerdings bringt die Sonne in der Natur wie in der Symbolik auch verschiedene Probleme mit sich. (Diese werden durch den Crowley-Titel »Tugend« kaum benannt.) Eine Gefahr von »Sonne im Widder« besteht etwa in einer permanenten Flucht nach vorne. Wie die Bildfigur im Rider-Bild ihr Gesicht nicht zu erkennen gibt, so kann eine der gefährlichen oder belastenden Eigenschaften des Widders eben in – seiner Gesichtslosigkeit bestehen. Tatendrang und Unternehmungsgeist gleichen in diesem Zusammenhang möglicherweise einem Rauchvorhang, hinter welchem sich eine unbekannte persönliche Identität verbirgt.

Die Sonne kann Verbrennungen und Blendungen bewirken. Sowohl das Gesicht wie der Gesichtssinn können von der Sonne bisweilen erheblich gestört werden. Der Prozeß der Identitätsbildung (der bewirken sollte, daß man sich selbst bewußt in die Augen schauen und sich als der- oder diejenige begreifen kann, die oder der man ist) sind bei dieser Konstellation besonders herausgefordert und besonders belastet. Alle Themen in Zusammenhang mit einer »*Gesichtspflege*« (im direkten oder im übertragenen Sinne der Image-Bildung) sind deshalb zentrale Widder-Themen.

Wenn die Sonne blendet, steht sie vor Augen. Falls sie aber im Rücken steht, so vermag sie sehr deutliche Schatten jedem Schritt eines Menschen vorauszuwerfen. Auch dies illustriert das Rider-Bild der »Stab 3«. Wie von der Bildgestalt nur deren Rückseite der Betrachtung zugewandt ist, so besteht ein Problem des Widders darin, daß er – je mehr er selber zur »Sonne« wird – deutlicher als andere auf Kehrseiten des Lebens stößt, auf Umgekehrtes, Verkehrtes, Schattenhaftes, Hinterhältiges usw.

Aus dementsprechenden Erfahrungen lassen sich einige Untugenden des Widders verstehen: Die schon erwähnte »Flucht nach vorn« oder die mögliche Sucht nach unerwarteten Schwierigkeiten; weiterhin eine oftmals mangelnde oder aber übertriebene Abwehr von bedrohlichen Fallen. Enttäuschung und Skepsis, eine zögerliche oder allzu abwartende Haltung können die Folge sein. Andererseits gilt aber auch: Je mehr der Widder von Schatten und Dunkelheit versteht, umso besser weiß er auch Durststrecken und Hindernisse einzuschätzen, die vor ihm liegen, *wenn* er seine Sonne nicht vergißt.

Das Wechselspiel von Licht und Schatten braucht und findet schließlich einen Ausweg, ein persönliches Bewußtsein, welches Eins und Eins zusammenzählt und Sonnen- sowie Schattenseiten zu einer persönlichen Zusammenschau vereint.

Wo dies gelingt, ist der Widder als erwachsener Mensch soweit gediehen, daß er – auf bewußte Weise – wieder zum Kind werden kann.

»Kind« und »Sonnenschein« besitzen viele Wesensübereinstimmungen. Ein Kind (und besonders ein kleines Kind, in der »Widder-Phase« vom 1.–7. Lebensjahr) weist eine *allseitige* Entwicklung auf. Die Lebensmitte entfaltet sich zugleich nach allen Seiten des Lebens hin, gestaltet Körper, Geist, Seele, Wille und Persönlichkeit. Ein Merkmal der Sonne ist ebenfalls die allseitige Entfaltung. Das Licht, welches von ihr ausgeht, bewegt sich mit gleicher Geschwindigkeit nach allen Seiten gleichzeitig. (Deshalb hebt der Begriff der Lichtgeschwindigkeit überkommene Vorstellungen von Raum und Zeit auf. – Raketenträume und die Begeisterung für Hochgeschwindigkeitsaktionen drücken u. a. diese Faszination des Lichtes aus.)

Angeblich, so sagt es ein landläufiges Vorurteil, wachsen kleine Kinder besonders schnell. Tatsächlich machen (Klein-)Kinder sowie die Sonne nur Phänomene sichtbar, die *jedem* Lebensmoment zugehören: Wachstum und permanente Umgestaltung. Als bewußter Erwachsener wieder Kind zu werden; seinen Platz an der Sonne zu finden und das eigene Licht zum Vorschein zu bringen; die Lebensmitte zu erreichen – dies alles sind verschiedene Ausdrücke für denselben Sachverhalt: Für die Herstellung einer Lebenssituation, in welcher die allseitige Entwicklung eines Menschen wieder und – auf dem jeweiligen Kenntnisstand – erstmals möglich ist.

# Widersprüche zum Tanzen bringen

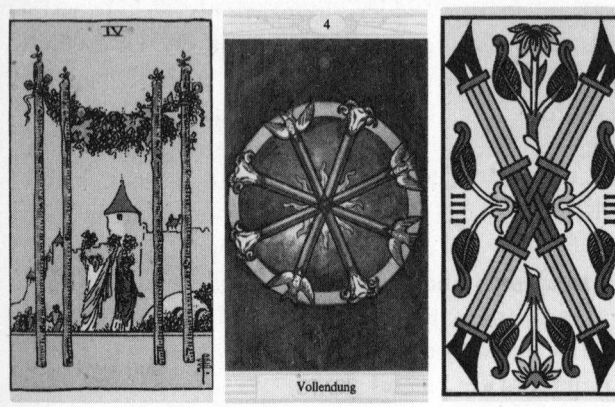

*Abbildungen: Karte Stab 4*
*Rider-, Crowley- und Marseiller Tarot (v.l.n.r.)*

Karten mit der Zahl Vier geben eine ausgebaute Situation wieder, in welcher die Polaritäten der Zwei als gegensätzliche oder aber als ergänzende Kräfte sich potenzieren. Die astrologische Konstellation zu dieser Karte lautet »Venus in Widder«. Sie gilt insbesondere für die 3. Dekade des Widders (11.–20.4.). *Venus* ist die Regentin des Stiers und der Waage. Der Stier schließt sich an die 3. Widder-Dekade an; hier beginnt also eine Überleitung von Widder zu Stier. Zugleich regiert Venus auch die Waage, das dem Widder gegenüberliegende Zeichen. Gegenüberstehende Zeichen aber verkörpern ein besonderes Spannungsverhältnis von Gegensatz und Ergänzung. Beides bringt die Venus im Widder zum Ausdruck. Venus ist Inbegriff der Fraulichkeit, und diese Kraft wirkt nun auf den Widder ein, der mit Mars zunächst männlich geprägt ist. Zuguterletzt besitzt Venus ihre erhöhte, d. h. besonders wirkungsvolle Stellung in den Fischen, dem Zeichen, welches dem Widder vorausgeht. Kurz gesagt: »Venus in Widder« bringt die Widersprüche zum Tanzen.

Nun ist diese Konstellation erstens eine ganz folgerichtige Angelegenheit. Wenn zum Widder grundsätzlich die Lust am Widerspruch und die Bekanntschaft mit den »ganz Anderen« gehören, so ist es kein Wunder, wenn in dieser abschließenden Widder-Dekade diese Prinzipien, welche traditionell betont männlich und ausdrücklich weiblich definiert sind – Venus und Widder, aufeinandertreffen und sich verbinden. An einem gewissen Punkt schlägt eine jede Entwicklung in eine neue Qualität um. Der Widder ist so »männlich«, daß er ab einem gewissen Punkt auch »weiblich« wird. Und »weibliche« Energien, wenn sie sich nur stark oder eigenwillig genug behaupten, entwickeln eine solche Macht und Durchschlagskraft, daß die Venus im Widder ihren Platz findet und dort ihr Feuer fängt. »Männliche« und »weibliche« Prinzipien ergänzen sich hier also, ohne – das ist von entscheidender Bedeutung – ihren Charakter jeweils aufzugeben oder zu verwischen. Wie im Yin-Yang-Zeichen im Schwarzen auch ein Funken Weiß und im Weißen ein Tropfen Schwarz enthalten ist, so im eigenen Geschlecht jeweils auch eine Spur des anderen. Ein gebräuchlicher Begriff für diesen Zusammenhang ist der vom »Tigerauge« (*Eye of the Tiger*): Im weißen Augapfel die schwarze Pupille. Und in der schwarzen Linse der Funken Feuer und Licht: Das Zentrum der Lebendigkeit!

Zweitens aber ist »Venus im Widder« eine überaus schwierige Zusammenstellung, deren Problematik in der Literatur anhand von Andeutungen erkennbar, jedoch nicht ausdrücklich benannt wird. Für männliche Widder bedeutet sie eine Umzingelung, eine Umschließung durch weibliche Energien und Verhaltensmuster. Für weibliche Widder-Typen bringt sie einerseits eine Erleichterung, weil die Venus überhaupt einen Platz in einer Dekade des Feuerelementes erhält; andererseits eine komplizierte Situation, weil die Venus sich im Widder im Exil befindet und Gefahr läuft, sich nicht nach eigenen, sondern nach fremden Kriterien verhalten zu müssen.

Zwei wesentliche Widder-Befürchtungen haben in dieser Konstellation ihre Wurzel: *Die Angst vorm Fliegen und die Angst davor, zu Hause zu sein.* In der Mythologie sind Phobos und Deimos (Furcht und Schrecken) die Kinder aus der Verbindung von Ares und Aphrodite (das sind Mars und Venus), und dem entspricht »Venus in Widder« sehr wohl auch. Wenn wir das Rider-Bild betrachten, so erkennen wir darin menschliche Gestalten, die wesentlich kleiner gezeichnet sind, als die Hauptfiguren auf allen anderen Karten des Rider-Tarot. Das Bild verweist damit einmal auf eine Situation, in welcher die eigene Persönlichkeit zu verschwinden, in Jubel und Trubel unterzugehen droht. Die Personen vermeiden es, das Tor zur Selbständigkeit, das Tor der vier Stäbe (in Richtung auf den/die Betrachter/in hin) zu durchschreiten. Die Angst vorm Fliegen ist ein typisches Widder-Phänomen und gehört in diesem Zusammenhang mit dem schwierigen Start in die Freiheit. – Auf der anderen Seite zeigt das Bild einen Zielpunkt an, welcher aus der Betrachtungsperspektive weit ferngehalten wird, weiter entfernt jedenfalls als alle anderen Motive in diesem Tarot. Die Karte signalisiert insofern eine Hemmung, das Tor der vier Stäbe in Richtung auf die Burg und auf die dort feiernden und sich tummelnden Menschen hin zu durchqueren. Die Angst davor, zu Hause zu sein oder nach Hause zu gehen, entspringt der Furcht davor, zu Hause in der Konstellation »Venus in Widder« Freiheit und persönliche Power zu verlieren.

All dies zeigt jedoch erst einen Ausschnitt aus den möglichen Gefahren, Ängsten und Hindernissen, welche mit den »vier Stäben« zusammenhängen können. Das eigene und das andere Geschlecht treffen in dieser Konstellation unmittelbar (und d.h. auch: innerhalb einer Person) aufeinander. (Eine vergleichbare Konstellation gibt es innerhalb der 36 Dekaden des Jahreskreises und innerhalb der Zahlenkarten des Tarot nur noch im letzten Abschnitt der Fische, vom 11.–20.3., welcher dem Widder unmittelbar vorausgeht. Dort heißt die Kombination »Mars in Fische«, die zugehörige Tarot-Karte ist »Kelch 10«.) Die naheliegenden Schwierigkeiten bestehen in diesem Zusammenhang darin, daß andere Geschlecht *in* sich selbst nicht abzulehnen, um nur das eigene zu wahren, – und umgekehrt das eigene Geschlecht nicht zu verdrängen, nur um auch die andere Seite in sich selbst zu beherzigen.

Wo es aber um die Geschlechtsrollen geht, werden sehr empfindliche Punkte der persönlichen Identität angesprochen. Mächtige Tabus spielen mit und wirken wie große *Bollwerke*; auch dies illustriert das Rider-Bild. »Venus in Widder« kann, so gesehen, sogar eine verheerende Politik der Macht des Blutes – von »Blut und Boden« (Venus als Erdmutter und kollektive Mutter) oder der Blutsbande, einschließlich von Blutschuld, Blutrache usw. bedeuten. Da Venus einmal die Sinne, das Sinnliche und das Bodenständige betrifft, dann wiederum den Sinn, das Sinnhafte und das Idealistische, so kann »Venus in Widder« schließlich einen enthusiastischen Idealismus anzeigen, der sich vom wirklichen Leben und auch vom persönlichen Willen sehr weit entfernt hat.

Schließlich ist »Venus in Widder« aber auch eine heilsame Konstellation. Wie der »Turm« eben auch von der *Lust zu fliegen* handelt, wie er eine Unmittelbarkeit zum Thema macht, welche »Elfenbeintürme«, vorgefertigte Rollen und Identitäten immer wieder zu Fall bringt, so gehören zum Widder Offenheit und Selbständigkeit; diese werden durch diese Konstellation gefordert und gefördert. Wenn der Widder-Typus – gleich, ob männlichen oder weiblichen Geschlechts – als sein eigener Herrscher das Recht auf Selbstbestimmung in Anspruch nehmen und als »Königin der Stäbe« bei sich und in dieser Welt zu Hause sein möchte, so ist der Widder darauf angewiesen, seine Identität selbst festzustellen: Bis in die Geschlechtsrollen hinein eine eigene Identität auszubilden und – im Rider-Bild ausgedrückt – sich selbst abzuholen wie auch in Empfang zu nehmen, sich selbst einzubringen oder auch loszulassen. Dies alles zusammen mag eine »Vollendung« bedeuten, wie der Crowley-Titel besagt. Was hier jedoch zählt, sind Taten, welche – im Crowley- und im Marseiller Bild dargestellt – in die Mitte des Rades und des Kreuzes führen, eben zum Tigerauge, dem Mittelpunkt der Lebensenergie.

Insgesamt scheint im Widder das Prinzip der ausgleichenden Gerechtigkeit auf, welches im übrigen in der Waage, welche dem Widder im Tierkreis gegenüberliegt, beheimatet ist. Dies ist insoweit die Auswirkung der Harmonia, die – wie schon erwähnt – nach Furcht und Schrecken zu den gemeinsamen Kindern von Mars und Venus (Ares und Aphrodite) zählt. *Aufbau* (»Herrscher«) und *Abbau* von Herrschaft (»Turm«); traditionell männliche und weibliche Charaktere (Herrscher und Königin der Stäbe) schaffen ein für den Widder typisches Muster von Kräften und Gegenkräften. Während bei »zwei Stäben« (Konstellation »Mars im Widder«) besonders die Auseinandersetzung mit Vater- und Männlichkeitsbildern gefordert & gefördert wird, so gilt ein gleiches bei den »vier Stäben« (»Venus in Widder«) für die Mutter- und Weiblichkeitsvorstellungen. Im Mittelpunkt all dieser Widersprüche und Gegensatzpaare steht die Sonne (»Drei Stäbe«). Wenn diese nicht einen »Höhenflug« signalisiert, welcher nur zu gern den »irdischen« Widersprüchen zu entfliehen wünscht, so bedeutet die »Sonne in Widder« eine höhere Warte, welche durch die Kraft der Begeisterung vielfache Widersprüche im besten Sinne in sich aufzuheben vermag.

# Durch's Tor der Schatten

## Der Widder
im Lichte der Traumdeutung

Träume zu deuten, heißt zuallererst, überhaupt Träume zu *haben*: Sich etwas zu wünschen, etwas noch vor sich zu haben, vom Leben eben etwas zu erträumen. In diesem Sinne aber ist der Widder die Kraft in uns, welche am *wenigsten* Lust oder Notwendigkeit verspürt, *Träume zu deuten*: Kein anderes Tierkreiszeichen besitzt eine so kurze Zwischenzeit, eine so hohe Umsetzungsgeschwindigkeit von Wunsch in Wirklichkeit und von erreichtem Ergebnis zu neuem Ziel – eben wie der Widder. Gesagt, getan – versprochen, gehalten – beschlossen, verkündet und vollstreckt – diese Maximen umschreiben Widder-Mechanismen.

Diese sind nun zuerst und zuletzt sehr *vorteilhafte* Reaktionsweisen. Die *Einheit von Denken und Handeln* war sogar ein oberstes Ziel der antiken Philosophen, welche (in der historischen Widder-Zeit) die Grundlagen des abendländischen Denkens legten.

Die Einheit von Denken und Tun kann einen *traumhaften Alltag* Wirklichkeit werden lassen. Der Widder realisiert in seinem Verhalten dann tatsächlich etwas, das sonst am ehesten im Märchen anklingt: »Märchen versprechen nicht nur, sie verwirklichen das, wovon sie reden, wenn sie von einer goldenen Zeit erzählen: ›als das Wünschen noch geholfen hat‹. Während sie davon erzählen, von jenem Ursprung, als das menschliche Denken noch nicht vorausschauen konnte, als Sehen, Erkennen, Wünschen und Erlangen noch ein und dasselbe war, werden Wünsche zu Taten« (W. Siegmund).

## Traum-Typen des Widders

Das einzige Problem bei diesen märchenhaften Verhaltenszügen des Widders liegt darin, daß es zwei ganz unterschiedliche Möglichkeiten gibt, die Einheit von Kopf und Körper (von Denken und Handeln) auszuleben und daß die beiden Möglichkeiten recht extrem gegeneinanderstehen. Die Einheit von Denken und Handeln läßt sich nämlich unbewußt oder bewußt verwirklichen. Auf einer animalischen, frühkindlichen, insgesamt »primitiven« Ebene läßt sich die spontane Übereinstimmung von Kopf und Körper erzielen oder durch einen im Feuer geläuterten, bewußten, insgesamt »hochentwickelten« Verhaltensstil.

*»Für einen, der nicht versteht, sind Berge Berge. / Für einen, der zu verstehen beginnt, sind Berge nicht mehr Berge. / Für einen, der versteht, sind Berge wieder Berge« (Zen-Spruch).*

In der Traumdeutung dauert es manchmal Wochen, Monate oder Jahre, bis sich wichtige Träume soweit klären, daß ihre Bedeutung und ihre praktischen Konsequenzen auf der Hand liegen. Eine solche Spanne scheint den Widder nicht selten *zu* lang zu sein. Es gibt eine heimliche oder offene Geistfeindlichkeit beim Widder-Typus. Nach dem Motto »Laßt Taten sprechen« erscheinen geistige Werte und »die Arbeit am Begriff« oftmals wie wertloser Schrott. Stellen sich jedoch gewisse geistige Probleme ein, – Gedanken, welche nicht sofort zu lösen oder zu beantworten sind, so versucht der Widder lange Zeit umso heftiger, die alte Einheit von Denken und Handeln wiederherzustellen. Nach dem verkehrten Leitsatz »No brain, no pain« (sinngemäß: Kein Hirn – kein Schmerz) bekämpft er womöglich sein aufkeimendes Bewußtsein sogar, als wären die Gedanken für seine Probleme verantwortlich, und nicht die Widersprüche seiner Lebenslage, welche die Gedanken ihm nur mitteilen.

Eine andere Gruppe von Widdern spürt, daß gegen den Geist mit Vorbehalten nicht zu gewinnen ist, zumal der Widder grundsätzlich für Be-geisterung und auch für die »Begeistung« offen ist. Diese Gruppe von Widdern entwickelt nun eine *Politik der kleinen Schritte*; das Lebensfeuer wird kleiner eingestellt.

Die erstgenannte Gruppe der Widder lebt in einer Welt voller Träume, aber da sie sie nicht deutet, besitzt sie auch keine Distanz, keine Eingriffsmöglichkeiten. Diese Widder-Gruppe ist ihrem Traumgeschehen mehr oder weniger ausgeliefert, wie einem Film, aus welchem es keinen Ausgang gibt. – Die zweitgenannte Gruppe der Widder kultiviert die Ernüchterung. Schade!

Eine dritte Traumgruppe der Widder nun schafft es, ihren großen Träumen mit Inbrunst treuzubleiben *und* zugleich anzuerkennen, daß die Zeit des alten Paradieses, des alten Arkadiens verloren ist. Diese Widder machen sich nun auf den Weg zu einem neuen »Herrscher«-Land, zu einem neuen Land jenseits des Regenbogens. Hier wird gehandelt – im Namen von Utopien, für ein neues Himmelreich; und zugleich werden Symbole gepflegt und auch dringend benötigt: Symbole (Bilder und Begriffe, Fantasie- und Traumvorstellungen) können als Brücken zum neuen Ufer führen. Allerdings sind Symbole auch Ersatzstoffe.

Dieselbe Brücke, welche den Übergang in ein neues Land der Träume eröffnen mag, kann ab einem bestimmten Punkt der Entwicklung auch zu einem Handicap werden, wie eine Krücke, welche man nach erreichter Gesundung noch weiter mit sich schleppt.

Während Widder sich auf der einen Seite vor Tendenzen der Geistfeindlichkeit hüten müssen, so sollten sie auf der anderen Seite jedoch auch Neigungen zu einer Art *Symbolfetischismus* beachten und einschränken.

Der Symbolfetischismus besteht heutzutage vor allem in Wiederholungen von Zeremonien, welche ihre Berechtigung aus früheren Zeiten eingebüßt haben und die heute nicht mehr Brücke, sondern unnötige Krücke sind. In den großen Institutionen des Glaubens und des Wissens, in Kirchen und in Schulen, gibt es viel Leben mit überholten Symbolen. In den vier speziellen Symbolsprachen – Astrologie, Tarot, Traum- und Märchendeutung – ist die Last unnötiger Konventionen zur Zeit ebenfalls groß; hier ist noch vieles abzubauen.

## Exkurs: Freuds *Abriß* der Psychoanalyse

Im Zusammenhang mit der Traumdeutung hat kein geringerer als Sigmund Freud diese Auffassung vorgetragen – und zwar bereits 1938. Eine seiner letzten Arbeiten betitelte Freud als »*Abriß der Psychoanalyse*«. Die Wahrer des Wiener Sigmund-Freud-Museums würden wohl behaupten, dieser »Abriß« meine eine kurzgefaßte Darlegung der Psychoanalyse. Aber hat Freud uns nicht selbst gelehrt, auf die versteckten Bedeutungen von Worten, Bildern, Witzen usw. besonders zu achten? »Abriß« heißt nun einmal auch – Abreißen, Abbruch.

Selbstverständlich aber geht es hier nicht um einen Streit oder ein Spiel bloß der Worte. »Abriß« besitzt nicht nur die Nebenbedeutung von »Abbruch« – Sigmund Freud zeigt in derselben Schrift auch *der Sache nach* die Grenzen auf, an welchen die Psychoanalyse seiner Einschätzung nach nicht weiterkommt. Am Ende des praktischen Teils der Schrift schreibt Freud unter der Überschrift »Eine Probe psychoanalytischer Arbeit« abschließend:

*»Wenn man die Erfahrung des Analytikers befragt, welche psychische Formationen seiner Patienten sich der Beeinflussung am wenigsten zugänglich erwiesen haben, so wird die Antwort lauten: beim Weib ist es der Peniswunsch, beim Mann die feminine Einstellung zum eigenen Geschlecht, die ja den Penisverlust zur Voraussetzung hat.«*

Was Freud damit über die Grenzen der psychoanalytischen Einflußmöglichkeiten ausführt, hat viel mit dem Symbolgehalt des Widders zu tun: Wo Frauen einen Peniswunsch, d.h. einen Wunsch nach phallischer, »männlicher«, marsischer Kraft besitzen; und wo Männer eine feminine Einstellung zur selben »männlichen« Kraft haben, d.h. wo sie zum Beispiel nicht nur Eroberer, Helden, notorische Sieger usw. sein möchten, sondern selber auch erobert, überrascht und verwundert werden wollen; *da* – an eben diesen Punkten – erwies sich die Beeinflussung des Psychoanalytikers als am wenigsten erfolgreich.

Es wäre sicherlich falsch, die Ausführungen von Freud allein oder zuerst auf die Homosexualität zu beziehen. Es geht in den genannten Worten ja um den Wunsch nach Rollentausch zwischen den Geschlechtern. Eine »feminine Einstellung« zum eigenen Geschlecht ist für Männer nur solange unbedingt auf Männer bezogen, als den Frauen dieses bislang den Männern »eigene Geschlecht« fehlt. Und entsprechend können Frauen nur solange sich *allein* an Frauen mit »männlichen«, erobernden, marsischen Bedürfnissen wenden, als Männern noch eine »feminine Einstellung« fehlt. Gerade diese überkommenen Einstellungen aber wollten die aus seiner Sicht widerspenstigsten Patienten geändert haben, so Freud's Resümee vor 60 Jahren, und eben da erwies sich die Lehre der Psychoanalyse als am meisten machtlos. Wenn Freud von Penis spricht, meint er diesen auch; aber »Penis« bedeutet bei ihm auch »pater potestas« – die männlich-patriarchale Macht. – Frauen wollen demnach auch »Herrscher« sein; Männer auch »Königin der Stäbe«.

Es schmälert nicht, sondern es steigert Freud's Leistungen, wenn er (als ordentlicher Stier) auch die Grenzen seines Lehrgebäudes benennt. Einen »Turm« einzureißen, wenn die Zeit dafür reif ist, ist (wie beim »Turm« im Tarot) eine Energieleistung, sehr »marsisch« (Mars ist dem Turm im Tarot zugeordnet) und überaus bemerkenswert für Freud, der jene Zeilen im Alter von 82 Jahren, nicht allzulange vor seinem Tode, aufschrieb.

Der Abriß der Psychoanalyse durch die Hand des Fachmannes führt uns näher an Grenzerfahrungen heran, welche sehr bezeichnend für den Widder-Typus sind. Zum einen hinterläßt dieser »Abriß« bis auf den heutigen Tag eine erhebliche Leere auf psychologischem Terrain. Diese Leere aber ist für den Widder von großer Bedeutung, warum – dazu mehr im Schluß-Kapitel ab Seite 134. Zum zweiten bringt die psychologische Lücke ein besonderes Widder-Thema zu Geltung: Die Nacht der Seele.

## Die schwarze Nacht der Seele

Wenn die Seele »schwarz« sieht, gilt dies üblicherweise als Alarmsignal. Es ist insoweit tatsächlich ein Zeichen großer Bedrohung. Angst, Ausweglosigkeit und anderes mehr können die Seele verfinstern, wie einen Spiegel, der dunkler und dunkler wird. Im schlimmen Falle kann der innere Black-out einen Tod der Seele bedeuten, der durch verübtes oder erlittenes Unheil bewirkt wird. Aus christlicher Sicht, und sicherlich mit Berechtigung, ist vor dieser Seelenfinsternis gewarnt worden: Die Bibel, so heißt es in diesem Zusammenhang, kenne nur den Tod, daß man seine Seele sterben lasse. (Die Seele sei Garant des ewigen Lebens, und die dunkle Nacht oder die gähnende Leere der Seele sei insofern zu fürchten wie der Teufel.) –

Es gibt jedoch *zusätzlich* völlig anders gelagerte Gründe für die Erfahrung der schwarzen Seelennacht, und diese hängen mit der Charakteristik des Widders zusammen. Der Widder sucht bekanntlich immer wieder Neuland, das er erkunden, betreten und erobern kann. Je mehr er seine ureigene Identität findet, erreicht der Widder auch solches Neuland, das tatsächlich noch »kein Auge geschaut« hat. Eine spannende und lohnenswerte Herausforderung! Für die Seele, für die Innenansicht der Welt bedeutet dieser Schritt ins Neuland aber u. a. – daß sie »schwarz« sieht.

Die Seele wird im allgemeinen mit einem Spiegel verglichen. Ein Spiegel kann nur solche Ereignisse reflektieren, von welchen er bereits ein Bild, einen Eindruck erhalten hat. Auch und gerade das erscheint der Psyche als dunkel, was alle ihre bisherigen Ahnungen übersteigt, was ihre vorherigen Bilder, ihre Vorbilder übertrifft. Genau dieses »leere Land«, über alle Vorerfahrungen hinaus, sucht und findet der Widder jedoch immer wieder!

In der Biografie mehr oder weniger prominenter »Widder« spielen die einschlägigen Erfahrungen mit der Dunkelheit der Seele eine große Rolle. Vincent van Gogh mag als bekanntes Beispiel dienen. Dabei war der Unterschied zwischen einer tatsächlich bedrohlichen Seelenlosigkeit und der widdertypischen vorübergehenden Seelenfinsternis leider oft *nicht* klar. Der Widder geht in Neuland, und wo er jedes Vorbild, jede Vorahnung hinter sich zurückläßt, muß die Seele *nachkommen*, um am neuen Ort sich neuzubilden. Das ist kein Tod der Seele, sondern ihr Ostern: Passion und Auferstehung der Seele! Diese Vertiefung und zugleich Erhöhung des Seelenlebens ist im übrigen der schönste Grund, weshalb Daseinsfreude und gesteigerte Lebenskraft dem Widder zugeordnet werden.

Weil und obwohl dies alles sich so verhält, gleicht die Begegnung mit der Nacht der Seele in der Praxis oftmals einem Schattentor, einer Schwelle, die ihre Tücken besitzt. Die einen meinen es gut und trauen sich doch nie, durch diese Nacht zu gehen, aus der Furcht heraus, sie könnten keinen Morgen finden. Anderen Widder-Charakteren wiederum ist diese seelische Dunkelheit so selbstverständlich, daß sie mit Zynismus, Pessimismus oder Skrupellosigkeit versuchen, darauf ihre (kalte) Suppe zu kochen.

Es ist offensichtlich entscheidend, die Dinge, die sich in Dunkelheit und Schatten abspielen, zu bemerken und sich damit auseinanderzusetzen. An dieser Stelle tut sich ein großes Betätigungsfeld für den Entdeckungsdrang des Widders auf. Wo Kälte oder Finsternis am größten sind, wird außerdem das Feuer des Widders am meisten gebraucht.

Ein gutes Beispiel für den Umgang mit den seelischen Nachtseiten des Feuers liefert das Märchen vom Rumpelstilzchen, das ein paar Seiten später erzählt und gedeutet wird. Zunächst sollen jedoch an dieser Stelle einige Schlußfolgerungen unter dem Gesichtspunkt der Traumdeutung gezogen werden.

Wie Blumen frisches Wasser, so braucht die Seele intakte Gefühle und eine persönliche Offenheit, welche inneres und äußeres Erleben verbindet. Traumdeutung bedeutet für den Widder insoweit einfach Seelenpflege, eine Achtsamkeit im Umgang mit sich und anderen. Die Psyche dankt dies mit einer persönlichen Frische, die aus einer lebendigen Seele wie aus einer inneren Quelle sich leicht erneuert. Doch noch mehr: Bis zu den soeben benannten Grenzen, wo der Weg ins Neuland auch das bisherige Fassungsvermögen der Seele übersteigt, sind es gerade die Psyche und die innere Stimme, welche dem Widder auf dem Wege seiner Selbst-Regierung wesentliche Hinweise und Orientierungen zu geben vermögen. Jenseits der erwähnten Grenzen kann die Traumdeutung nicht mehr wegbereitend vorarbeiten, jedoch die praktischen Erfahrungen, welche der Widder auf neuem Terrain macht, seelisch nachbilden und verarbeiten.

Darin liegt nun eine Wendemarke der Traumdeutung, und der Widder führt uns zu ihr hin: Träume zu haben, heißt nicht mehr nur, sich etwas zu wünschen, etwas noch vor sich zu haben, vom Leben eben etwas zu erträumen. Träume zu haben, heißt nun zusätzlich auch, sich etwas gewünscht und es erreicht zu haben, vom Leben etwas erträumt und errungen zu haben; *einen traumhaften Alltag auszuleben*, der auch nachts noch nachschwingt und im Traume nachklingt.

## Vorschläge zur Traumbeobachtung

Für das selbständige Verständnis Ihrer Träume (und wenn es nötig ist: auch für die Distanz zu ihnen) sollen folgende Tips und Regeln vorgeschlagen werden.

**Alles ist wichtig,** so lautet ein erster Grundsatz. Aufmerksam jedes Detail, jeden Zusammenhang beachten. Woran erinnern Sie sich nach dem Traum? Was fühlen Sie im Moment des Gewahrwerdens? Vergessen Sie erst einmal jede Bewertung. Hauptsache, Sie sehen in ihrer Vorstellung einigermaßen das vor sich, wovon Sie wohl geträumt haben. Hauptsache, Ihr Gefühl und Ihre Empfindungen finden im halb- oder ganzwachen Zustand die Bilder, Eindrücke und Abläufe aus Ihren Träumen wieder.

**Führen Sie die Kamera.** Sobald Sie Ihre Traumbilder genügend deutlich vor Ihrem geistigen Auge sehen, gehen Sie in die einzelnen Bilder hinein. Stellen Sie sich vor, Sie seien ein Beleuchter, der eine Szene nach unterschiedlichen Richtungen ausleuchtet, oder eine Kamerafrau, die die Szene nacheinander von mehreren Standpunkten aus betrachten kann.

**Achten Sie auf Ihre Beobachtungen.** Oft passieren in einer Traumsequenz mehrere Handlungen zugleich. Unterschiedliche Argumente, Ereignisse, Gefühle und Taten können gleichzeitig wirken. Versuchen Sie zu unterscheiden. Halten Sie fest, was für Sie wichtig erscheint.

**Seien Sie ehrlich sich selber gegenüber.** Legen Sie sich Zeugnis davon ab, was Sie im Traum gesagt und getan, gespürt und gedacht haben. Alles ist wichtig. Keine/r kennt Ihren Traum außer Ihnen. Stellen Sie für sich fest, was (Traum-)Sache ist.

**Drücken Sie den Ablauf eines Traumes in Ihren Worten aus.** Sagen (oder schreiben) Sie sich in Worten und Sätzen die Traumgeschichte auf. Wenn es sein muß, kurz. Aber verzichten Sie nicht darauf.

**Speichern Sie Ihren Traum.** Merken Sie sich nun Ihren Traum mit seinen Bildern und Eindrücken, mit seinen verschiedenen Szenen und Ihren Beobachtungen. Merken Sie sich die Traumgeschichte, wie Sie sich auch eine Einkaufsliste merken.

**Legen Sie Abstand zu Ihrem Traum ein.** Sie kennen jetzt Ihren Traum. Stellen Sie sich vor, ein guter Freund oder eine gute Freundin hätte ihn Ihnen soeben erzählt. Wie würden Sie darüber urteilen? Was denken Sie, und was tun Sie unterdessen?

**Sammeln Sie Ideen zur Bewertung.** Bevor Sie den Traum bewerten, sammeln Sie Ideen, welche Bedeutungen hier vernünftiger- und verrückterweise zutreffen können.

**Versuchen Sie die Logik oder Unlogik zu verstehen.** Wenn der Traum insgesamt – mit seinen verschiedenen Teilen, Brüchen oder Widersprüchen – einen Sinn oder auch einen bestimmten Unsinn darstellen soll, worin kann diese Logik oder Unlogik bestehen?

**Entscheiden Sie sich für eine geeignete Interpretation.** Kommen Sie zu einer Entscheidung. Was unklar bleibt, darf unklar bleiben. Nur merken sollten Sie sich dieses. Gibt es mehrere stimmige Interpretationen, merken Sie sich diese Stück für Stück, und legen Sie ihre nächsten Schritte fest.

**Sagen Sie sich Ihre Interpretation.** Leise oder laut – sprechen Sie Ihr Urteil unzweideutig aus.

**Stellen Sie (zwei) Aufgaben fest,** die sich aus der Interpretation ergeben. Formulieren Sie diese Aufgaben unmißverständlich für sich und beginnen Sie mit der Erledigung.

**Geben Sie sich Rechenschaft.** Legen Sie sich regelmäßig Rechenschaft ab – über Ihre Traumbilder und Ihre Beobachtungen dazu. Über Ihre Interpretationen (Bedeutungsvorstellungen) und die Erledigung Ihrer persönlichen Aufgaben.

**Beziehen Sie sich auf die Reaktionen von Mitmenschen.**
Vergegenwärtigen Sie sich Reaktionen von anderen auf
Ihr Verhalten. Lassen Sie diese gelten und beziehen Sie
sie in Ihre Selbst-Rechenschaft mit ein.

**Beziehen Sie sich auf Ihre sonstigen Träume und Überzeugungen.** Beziehen Sie sich bei Interpretation, Anwendung und Überprüfung (Rechenschaft) Ihrer Träume auf Ihre früheren oder sonstigen Auffassungen.

**Beziehen Sie sich auf Ihre Wünsche und Ängste.** Es tut gut, wenn man weiß, warum man träumt: Um bei sich und bei »Gott« zu Hause zu sein.

## Weitere Hinweise

Umkehrungen und Vertauschungen gehören generell zum Traumgeschehen. Sie bedeuten, daß jeder erdenkliche Zusammenhang in verkehrter Proportion, in vertauschter Abfolge oder verwechselter Wirkungsrichtung auftauchen kann. Der Täter erscheint z. B. als Opfer, oder der Mittelpunkt am Rande, der Hintergrund im Vordergrund, die Zukunft in der Vergangenheit usw. Eine bekannte Szenerie nimmt eine völlig unbekannte Bedeutung an – Vertrautes findet unter unmöglichen Umständen statt usw. usw.

**Personentausch** ist ein zentrales Element der Traumbildung. Jede Person, die im Traum auftritt, kann
- die sein, für die sie sich ausgibt bzw. als die sie im Traum angesehen wird, oder

- eine Darstellungsform der eigenen Person der Träumerin oder des Träumers sein oder
- eine dritte Person vertreten oder
- etwas Unpersönliches verkörpern.

Selbst wenn diese Person im Traum ein bekannter Mitmensch ist (Partnerin, Kind, Kollege), kann diese Traumperson dennoch eine Art Verkleidung für die Person der/des Träumenden sein oder an jemand ganz anderen erinnern oder Unpersönliches – z. B. eine Idee – zur Vorstellung bringen.

**Personalauswahl.** Achten Sie einmal darauf, über eine gewisse Zeit hinweg, wer in Ihren Träumen erscheint. – Sehen Sie sich selbst in voller Lebensgröße in Ihren Träumen? – Wenn sich in Träumen Unangenehmes häuft, wer tritt dabei vorzugsweise auf? Wenn Schönes sich im Traum ereignet, welche Personen sind da?

**Zeitverschiebungen.** Jede/r kann sich selbst als Kind, Erwachsene/r und Greis/in im Traum begegnen. Jedes Alter kann der Gegenwart im Traum entsprechen.

**Ortsveränderungen.** Jede/r kann sich an jedem Ort, von dem er/sie überhaupt Kenntnis hat, im Traum wiederfinden. Jeder Ort im Traum kann symbolisch der tatsächlichen Lage und dem momentanen Standpunkt der Träumerin oder des Träumers entsprechen.

**Belebung von Unbelebtem.** Was die Märchen und der Computer-Bildschirm können – Unbelebtes zum Leben animieren, das machen die Träume wie selbstverständlich auch. Dinge sprechen oder schweigen beredt. Räume erzeugen Spannungsfiguren usw. Ferner hängt mit der Animation von Unbelebtem auch eine Auflösung der üblichen Eigenschaftsmerkmale von allem Möglichen zusammen. Farben erzeugen dann z. B. Klänge, Worte verströmen Gerüche, Pferde beginnen zu fliegen, Fische zu laufen und Vögel zu schwimmen.

# Geheimnisvoller Name, verborgene Identität

## Der Widder im Spiegel des Märchens

*Märchen* wurden bis ins frühe 19. Jahrhundert weitaus häufiger für Erwachsene als für Kinder erzählt. Sie waren Teil einer Volkstradition, welche bis dahin als nicht druckfähig galt und die im Sinne der Schrift- und Kulturwelt daher *sprachlos* war. Die klassischen Märchensammlungen zeugen insoweit von der Herausbildung einer Volksmythologie, mit der sich die »kleinen Leute« u. a. gegen ihre offizielle Sprach- und Machtlosigkeit behaupteten.

Diese Zusammenhänge sind nicht allein von geschichtlichem Interesse. Auch in der individuellen Entwicklung eines heutigen Menschen gibt es immer wieder »sprachlose« Zeiten und die Notwendigkeit, eine persönliche Vision oder einen privaten Mythos zu behaupten. Märchen aktualisieren die persönliche Betroffenheit und können die erforderlichen Kräfte des Vertrauens und der Begeisterung für den persönlichen Weg stärken.

Die folgenden Märchen vom »Rumpelstilzchen« und vom »Eisenhans« wurden ausgewählt, weil sie entscheidende Aspekte der Widder-Psychologie beleuchten. Da sind beim ersten Text etwa der Gang durch die »schwarze Nacht der Seele« und die herausfordernden Aufgaben, das Feuer der Seele zu Hilfe zu rufen, wie auch, es zu erziehen. Bei beiden Märchen geht es um die

Verwandlung von »minderwertiger Materie« (Stroh/rostiges Eisen) in glänzendes Gold. Beim »Eisenhans« zusätzlich um den Entwicklungsweg eines verlorenen Sohnes bis zu seiner heimkehrenden Offenbarung.

Im Zusammenhang mit der astrologischen Symbolik betrachtet, geben die beiden Märchen Auskunft über den Einsatz der beiden Grundkräfte des Widders, Mars und Sonne. Im Märchen vom Eisenhans gilt die Sonne, der *helle Kopf* des Königssohns, lange Zeit als problematisch und wird verborgen gehalten, bis die Sonne endlich erhöht ist – bis die anfangs entlaufene Goldene Kugel nun dreifach zurückerhalten wird.

Der Mars – so kann es die Geschichte vom Rumpelstilzchen zeigen – braucht u. a. einen Einsatz als Kundschafter, jenseits aller bekannter Namen und Erfahrungen. Am Fuße eines »hohen Berges«, an der »Waldecke« findet er zu sich selbst. Seine zuvor ungekannten Erfahrungen und Eindrücke muß der Widder, muß der Mars zurücktragen in die Gemeinschaft, sie urbar machen. Und dies fängt damit an, daß er sie *benennt* und von ihnen erzählt. (Indem er nun sein Feuer *nutzt* und *im* Feuer Gut und Böse, Geeignet und Ungeeignet unterscheidet, lenkt er, der Mars, sein Feuer den Berg hoch – den Weg seiner Erhöhung im Steinbock. Doch dies soll nur angedeutet sein, wir konzentrieren uns hier auf die Widder-Symbolik.)

Anhaltspunkte für die Zuordnung des Märchens vom »Rumpelstilzchen« zum Widder-Typus bietet der Text vor allem durch den Namen »Hammelswade« und durch das Motiv des Opfers eines Erstgeborenen. Von weiteren Anhaltspunkten wird im Anschluß an die Wiedergabe des Textes die Rede sein.

# Rumpelstilzchen

Es war einmal ein Müller, der war arm, aber er hatte eine schöne Tochter. Nun traf es sich, daß er mit dem König zu sprechen kam, und um sich ein Ansehen zu geben, sagte er zu ihm: »Ich habe eine Tochter, die kann Stroh zu Gold spinnen.« Der König sprach zum Müller: »Das ist eine Kunst, die mir wohlgefällt; wenn deine Tochter so geschickt ist, wie du sagst, so bring sie morgen in mein Schloß, da will ich sie auf die Probe stellen.« Als nun das Mädchen zu ihm gebracht ward, führte er es in eine Kammer, die ganz voll Stroh lag, gab ihr Rad und Haspel und sprach: »Jetzt mache dich an die Arbeit, und wenn du diese Nacht durch bis morgen früh dieses Stroh nicht zu Gold versponnen hast, so mußt du sterben.« Darauf schloß er die Kammer selbst zu, und sie blieb allein darin.

Da saß nun die arme Müllerstochter und wußte um ihr Leben keinen Rat: sie verstand gar nichts davon, wie man Stroh zu Gold spinnen konnte, und ihre Angst ward immer größer, daß sie endlich zu weinen anfing. Da ging auf einmal die Türe auf, und trat ein kleines Männchen herein und sprach: »Guten Abend, Jungfer Müllerin, warum weint sie so sehr?« – »Ach«, antwortete das Mädchen, »ich soll Stroh zu Gold spinnen und verstehe das nicht.« Sprach das Männchen: »Was gibst du mir, wenn ich dir's spinne?« – »Mein Halsband«, sagte das Mädchen. Das Männchen nahm das Halsband, setzte sich vor das Rädchen, und schnurr, schnurr, schnurr, dreimal gezogen, war die Spule voll. Dann steckte es eine andere auf, und schnurr, schnurr, schnurr, dreimal gezogen, war auch die zweite voll; und so ging's fort bis zum Morgen, da war alles Stroh versponnen, und alle Spulen waren voll Gold. Bei Sonnenaufgang kam schon der König, und als er das

Gold erblickte, erstaunte er und freute sich, aber sein Herz ward nur noch goldgieriger. Er ließ die Müllerstochter in eine andere Kammer voll Stroh bringen, die noch viel größer war, und befahl ihr, das auch in einer Nacht zu spinnen, wenn ihr das Leben lieb wäre. Das Mädchen wußte sich nicht zu helfen und weinte, da ging abermals die Türe auf, und das kleine Männchen erschien und sprach: »Was gibst du mir, wenn ich dir das Stroh zu Gold spinne?« – »Meinen Ring von dem Finger«, antwortete das Mädchen. Das Männchen nahm den Ring, fing wieder an zu schnurren mit dem Rade und hatte bis zum Morgen alles Stroh zu glänzendem Gold gesponnen. Der König freute sich über die Maßen bei dem Anblick, war aber noch immer nicht Goldes satt, sondern ließ die Müllerstochter in eine noch größere Kammer voll Stroh bringen und sprach: »Die mußt du noch in dieser Nacht verspinnen; gelingt dir's aber, so sollst du meine Gemahlin werden.« – Wenn's auch eine Müllerstocher ist, dachte er, eine reichere Frau finde ich in der ganzen Welt nicht. Als das Mädchen allein war, kam das Männlein zum drittenmal wieder und sprach: »Was gibst du mir, wenn ich dir noch diesmal das Stroh spinne?« – »Ich habe nichts mehr, das ich geben könnte«, antwortete das Mädchen. »So versprich mir, wenn du Königin wirst, dein erstes Kind.« Wer weiß, wie das noch geht, dachte die Müllerstochter und wußte sich auch in der Not nicht anders zu helfen; sie versprach also dem Männchen, was es verlangte, und das Männchen spann dafür noch einmal das Stroh zu Gold. Und als am Morgen der König kam und alles fand, wie er gewünscht hatte, so hielt er Hochzeit mit ihr, und die schöne Müllerstochter ward eine Königin.

Über ein Jahr brachte sie ein schönes Kind zur Welt und dachte gar nicht mehr an das Männchen. Da trat es plötzlich in ihre Kammer und sprach: »Nun gib mir, was du versprochen hast.« Die Königin erschrak und bot dem Männchen alle Reichtümer des Königreichs an, wenn es ihr das Kind lassen wollte; aber das Männchen sprach: »Nein, etwas Lebendes ist mir lieber als alle Schätze der Welt.« Da fing die Königin so an zu jammern und zu weinen, daß das Männchen Mitleiden mit ihr hatte: »Drei Tage will ich dir Zeit lassen«, sprach es, »wenn du bis dahin meinen Namen weißt, so sollst du dein Kind behalten.«

Nun besann sich die Königin die ganze Nacht über auf alle Namen, die sie jemals gehört hatte, und schickte einen Boten über Land, der sollte sich erkundigen weit und breit, was es sonst noch für Namen gäbe. Als am andern Tag das Männchen kam, fing sie an mit Kaspar, Melchior, Balzer und sagte alle Namen, die sie wußte, nach der Reihe her, aber bei jedem sprach das Männlein: »So heiß ich nicht.« Den zweiten Tag ließ sie in der Nachbarschaft herumfragen, wie die Leute da genannt würden, und sagte dem Männlein die ungewöhnlichsten und seltsamsten Namen vor: »Heißt du vielleicht Rippenbiest oder Hammelswade oder Schürfbein?« Aber es antwortete immer: »So heiß ich nicht.« Den dritten Tag kam der Bote wieder zurück und erzählte: »Neue Namen habe ich keinen einzigen finden können, aber wie ich an einen hohen Berg um die Waldecke kam, wo Fuchs und Has' sich gute Nacht sagen, so sah ich da ein kleines Haus, und vor dem Haus brannte ein Feuer, und um das Feuer sprang ein gar zu lächerliches Männchen, hüpfte auf einem Bein und schrie:

»Heute back ich, morgen brau ich,
Übermorgen hol' ich der Königin ihr Kind;

Ach, wie gut ist, daß niemand weiß,
Daß ich Rumpelstilzchen heiß!«

Da könnt ihr denken, wie die Königin froh war, als sie den Namen hörte, und als bald hernach das Männlein hereintrat und fragte: »Nun, Frau Königin, wie heiß ich?« fragte sie erst: »Heißest du Kunz?« – »Nein.« – »Heißest du Heinz?« – »Nein.«

»Heißt du etwa Rumpelstilzchen?«

»Das hat dir der Teufel gesagt, das hat dir der Teufel gesagt«, schrie das Männlein und stieß mit dem rechten Fuß vor Zorn so tief in die Erde, daß es bis an den Leib hineinfuhr, dann packte es in seiner Wut den linken Fuß mit beiden Händen und riß sich selbst mitten entzwei.

## Zu Ansehen kommen

In Anlehnung an das Wort »Gottes Mühlen mahlen langsam« soll hier der *Müller* als einer verstanden werden, der vom (Mühl-)Rad des Schicksals und vom (Wind- oder Wellen-)Lauf des Lebens viel versteht – oder auch: viel zu lernen hat. Daß der arme Vater seine schöne Tochter dem König anpreist, kann eine fürchterliche Angeberei bedeuten, welche die Tochter überfallartig in *Furcht und Schrecken* versetzt. Doch kann sich – unter gänzlich anderem Vorzeichen – auch eine kühne Erziehungsstrategie, eine geschickte und zugleich angemessene Konfrontation und Herausforderung hinter dieser scheinbar vorwitzigen Aktion des Müllers verbergen, mit welcher er den Startschuß für ein *wahres Märchen* abgibt.

Der *König* läßt sich als »oberstes Prinzip« einmal

einer staatlichen und gesellschaftlichen Ordnung, dann auch als ein gleiches innerhalb *eines* Menschen deuten. Der König im Märchen ist, ähnlich dem »Herrscher« (oder »Kaiser«) im Tarot, auch ein Sinnbild für die Sonne, für das Bewußtsein, für das organisierende und sich selbstbestimmende Zentrum eines Lebens. Bei diesem König möchte der Müller »sich ein Ansehen .. geben«. Wenn der König symbolisch einer Sonne gleicht, dann heißt dieses »Sich ein Ansehen zu geben« auch, aus einem Schattenbereich herauszutreten, sich selbst der Sonne zuzuwenden, die eigenen Schattenseiten be- und erleuchten zu lassen.

Frühere Schattenseiten in der Sonne strahlen zu lassen, bedeutet aber nicht viel anderes, als bisher unbeachtete Seiten des Daseins nunmehr zu vergolden. In diesem Sinne ist es der Müller selber, der Stroh (vormals unbeachtete, scheinbar wertlose Qualitäten) zu Gold spinnen will.

Die handelnden, aktiven Teile, welche der Müller ins Geschehen einführt, sind – der König und seine »schöne Tochter«. Mädchen, Töchter und junge Frauen verkörpern im Märchen – und in anderen Bereichen der Symbolik – die Seele selbst oder eine Seelenführerin oder die seelische Seite, z. B. hier des Feuers. Eine »schöne Tochter« bedeutet dann soviel wie eine »schöne Seele«, wie der *Glanz der Seele* oder wie die »Seele des Feuers«.

Der Glanz der Seele – wozu wir u. a. innere Gelassenheit, Heiterkeit und Lauterkeit rechnen dürfen – sollen nun »auf die Probe« gestellt werden, und der König führt die Müllerstochter, seine künftige Gemahlin, in eine abgeschlossene Kammer.

# Feuerprobe

Der Müller will Ansehen erreichen. Welche Ziele verfolgt jedoch die Müllerstochter? Über ihre Motive erhalten wir keine unmittelbare Auskunft in der Geschichte. Vom Ergebnis des Märchens her betrachtet, läßt sich sagen, ihr Verhalten läuft darauf hinaus, Königin zu *sein*. Ihr Wille besteht offensichtlich darin, nichts Besonderes, nichts Willkürliches zu wollen, sondern sich selbst – und ihrem Vater – treuzubleiben und »es« geschehen zu lassen.

Von den Absichten des Königs wiederum heißt es: »Sein Herz ward nur noch *goldgieriger*.« Dies ist verschiedentlich als niederer Bereicherungstrieb gedeutet worden. Diese Interpretation könnte stichhaltig sein. Sicherlich bedeutet Gold immer auch »Mammon« mit den Beifügungen Verblendung, Verfluchung u. a.

Die große Bedrohung, das zentrale Thema des Märchens, ist die tatsächlich »teuflische« Alternative, entweder über kein Gold, sondern nur über leeres Stroh zu verfügen *oder* aber für den Preis des Goldes den »Sonnenschein«, das Erstgeborene zu verieren. Würde die Bedrohung siegen, hätten alle in irgendeiner Weise verloren. So aber – und darin liegt das Schöne, das Ermutigende an diesem Märchen – wird hier die tödliche Bedrohung zurückgewiesen, und *alle* gewinnen auf eine Art: Der Müller behält Recht und wird Königs-Schwiegervater, die Müllerstochter wird Königin, Frau und Mutter; der König wird nicht nur reicher als je zuvor, sondern er findet auch seine »bessere Hälfte«. Durch das Kind tritt etwas Neues hinzu. Und das Rumpelstilzchen? Es scheidet und verwandelt sich; wie und wozu, wird noch zu zeigen sein.

Als bloßes Besitzstreben wäre die »Goldgier« des Königs zu solchen Lösungen nicht in der Lage. Wenn es also heißt: »Sein Herz ward nur noch goldgieriger«, so bedeutet dies eben *auch*, sein Wille wurde nur noch entschlossener, wirklich Gold in seinem Leben zu erzielen: Gold im Sinne von Sonne, Lebensmitte, Glück und »Ewigkeit«. Denken wir hier an das berühmte Gold der Alchemisten, an das vielbesungene »Heart of Gold« (das goldene Herz), so wissen wir im Zusammenhang mit der glücklichen Lösung des Märchens, worum es dem König ging: Um eine echte Feuerprobe, der sich am meisten die Müllerstochter, letztlich aber alle an diesem Geschehen Beteiligten zu unterziehen hatten. Eine Feuerprobe geht aufs Ganze, und sie schließt das Risiko des Versuches ein. Aber eben auch die Chance des Gewinnens. »Goldgier« bedeutet insoweit dasgleiche wie eine herzergreifende Sehnsucht nach Sonne, wie *Lebenshunger und Glücksbedürftigkeit*.

Die erfolgreiche Feuerprobe verändert alle Beteiligten; am sichtbarsten das Rumpelstilzchen, das verschwindet, und das Königskind, das zuvor nicht existierte und das nun seinen Platz behauptet.

Eine Feuerprobe läutert die Betroffenen. Darin liegt die kühle Berechnung – oder einfach die hoffnungsfrohe Begeisterung, mit welcher der arme Müller die Geschichte ins Rollen bringt. Er hatte es satt, das zu bleiben, was er war. Er besaß die Kühnheit, die Gewitztheit zum Neuanfang zur rechten Zeit. Warum sollte man die Mühlen Gottes nicht auch einmal beschleunigen? Warum sollte sich der Kreislauf des Bestehenden immer nur wiederholen? Man konnte das Glück ja auch auf die Probe stellen. Man mußte es nur einmal richtig anfangen!

# Stroh zu Gold

Not macht erfinderisch, *wenn* man sie meistern kann und will. Der Weg der Müllerstochter, ihre Not zu überwinden, besteht darin, »es« geschehen zu lassen. Unter der Voraussetzung, daß sie sich selbst und ihrer Schönheit (dem Glanz der Seele, der Faszination des Feuers) treubleibt, läßt sie geschehen, was geschieht. Das bedeutet, daß sie großen Mut und eine große Hingabe aufbringen muß, um durch die Zeiten tiefer Ratlosigkeit und großer Angst hindurchzufinden. Zugleich aber ist ihre seinsmäßige *Offenheit* auch der *Türöffner* zu jenem namenlosen Feuerhüpfer: »Da ging auf einmal die Türe auf, und trat ein kleines Männchen herein«.

Das kleine Männchen erinnert an jene wilde Katze, welche zur Widder-Symbolik zählt, wenn es nämlich bei seiner Arbeit – »schnurr, schnurr, schnurr« – nur so schnurrt. Begreifen läßt sich das Rumpelstilzchen als Sinnbild des psychologischen Es (d.h. des Unbewußten), als an den Waldesrand verdrängtes Feuer und/oder als bislang unbekannte Möglichkeiten des Feuers und ungeahnte Realitäten des Lebens.

Der springende Punkt beim Rumpelstilzchen aber liegt darin, daß, wenn man es begreift, es sich schon längst zerrissen und in Wohlgefallen aufgelöst hat. Es besitzt seine Rumpel-Macht, seine verzaubernde, aber auch überrumpelnde Kraft, nur solange es unbegriffen, ja, nur solange es noch namenlos-unbekannt ist. Daß das Rumpelstilzchen mit dem Element Feuer zu tun hat, ist klar, es ergibt sich aus der berühmten Szene, in der es vom Kundschafter der Königin beobachtet wird. Die Brüder Grimm berichten in ihren Anmerkungen zu dem Märchentext von fünf bis sechs Varianten dieses Märchens. In einer davon heißt das Rumpelstilzchen »Stäbchen«, was eine interessante Parallele zum Symbol der *Stäbe* im Tarot darstellt.

Was heißt es nun, Stroh in Gold zu verwandeln? Das Gleiche, was es bedeutet, jenes Gold zu finden, welches sprichwörtlich auf der Straße liegt: Man muß es *aufheben* (s. S. 26). Das »Stroh« ist etwas Unscheinbares; aber das Unscheinbare bedeutet einmal etwas Unbedeutendes und Langweiliges; dann – ganz im Gegenteil – jedoch auch das Un-Scheinbare, das Wesentliche, das »Eigentliche«, die Lebensmitte, eben Sonne und »Gold«.

»Im Unscheinbaren steckt auch das Un-Scheinbare« oder »Die Lösung (des Märchens) liegt in der *Lösung* – man muß seine Wünsche ein-lösen und seine Ängste auf-lösen...« – solche Wortspiele (unscheinbar/unscheinbar; lösen/lösen) – sind keine Buchstabierübungen, sondern sie signalisieren etwas Grundlegendes: Selbstverständliche Formulierungen können und sollen auseinandergenommen und wieder zusammengefügt werden, bis man sie *selbst versteht*. Ein Weg von gewohnten Selbstverständlichkeiten zu einem selbständigen Verständnis! Dieser Weg gibt einen Übergang vom bloßen Sein zum Bewußtsein an, und dieser Wechsel macht sogar einen alten König reicher als je zuvor.

*Leeres Stroh* zu Gold zu verarbeiten, bedeutet zusätzlich noch, den äußerst großen Wert der Leere zu erkennen. (Vgl. die Felslandschaft, in welche sich der »Herrscher« im Tarot gesetzt sieht: Sie ist nicht nur ein Bild für die Arbeit im Steinbruch des Unbewußten, für die Aufgabe, das persönliche Reich fruchtbar zu machen; vielmehr stellt sie auch die unbearbeitete

Leere, das Nichts dar, welches zum Widder, zum »Herrscher« und zum Bewußtsein dazugehört wie der Schatten zum Licht.) Je stärker klar und spürbar wird, daß man selbst – und jeder Mensch – eine eigene Identität, eine einmalige Identität besitzt, desto mehr tritt einer/m das »Nichts« entgegen. Nicht als weltanschaulicher Nihilismus, sondern als Wissen davon, daß, wenn das persönliche Bewußtsein die eigene Existenz nicht erreichen sollte, es auch keine persönliche Identität gibt und daß der einmalige Reichtum, welchen jeder Mensch auf seine Art in sich trägt, ungenutzt und verloren wäre, so als hätte es ihn nie gegeben.

Die Kammer voller Stroh gleicht dem Ödland und dem steinigen Boden des »Herrschers« im Tarot. Gegenüber dem gewohnten All*tag* des Märchenkönigs stellt die Kammer nun die dunkle, unbewußte, andere, die ergänzende zweite Seite dar, wie es die *Nacht*, welche die Müllerstochter ja jeweils in der Kammer verbringt, ebenfalls symbolisiert.

# Der Schatten lichtet sich…

Jeder Mensch besitzt ein Schattenreich. Doch der Widder in uns ist, wie im Kapitel »Traumdeutung« vermerkt, besonders von der »Nacht der Seele« betroffen, da er stets auf dem Weg in Neuland sich befindet und die Seele jedesmal erst »später« nachkommt. Die besondere Aufgabe des Widders ist es, immer wieder bewußt *seelisches Neuland* zu betreten: Mitten in der Nacht zu sich zu finden, wie die angehende Königin und das unbekannte kleine Männchen.

Daß das Rumpelstilzchen »gar zu lächerlich« erscheint, ist aber eine ernstzunehmende Bemerkung im Märchentext. Dieses Lächerliche – zusammen mit den Abschiedsworten des Rumpelstilzchen: »Das hat dir der Teufel gesagt« – machen es notwendig, auf die Figur des »Teufels« einzugehen. In ihren erwähnten Anmerkungen notierten die Brüder Grimm: »Die Unterirdischen führen Namen, die bei den Menschen nicht in Gebrauch sind, daher das Männchen ganz sicher zu sein glaubt, als es die Bedingung stellt, seinen Namen zu erraten.« Die Brüder Grimm faßten demnach das Rumpelstilzchen als Teil der Unterwelt auf. Wir bleiben insoweit in diesem Interpretationsrahmen, wenn wir das Rumpelstilzchen mit den Begriffen »Teufel« und Schatten in Zusammenhang setzen.

Der »Teufel« symbolisiert – unbeschadet seiner sonstigen religiösen Bedeutung oder Nicht-Bedeutung – einen verdichteten (schwarzen) Schatten, er bezeichnet etwas greifbares Unbekanntes. Die Greifbarkeit ist ein entscheidendes Merkmal beim »Teufel«. Der *Schatten* im psychologischen Sinne des Unbewußten und Unbekannten ist nämlich zunächst einmal und hauptsächlich *unsichtbar*. Daß der »Teufel« Schattenseiten erkennbar macht, ihnen Gestalt verleiht, ist eine dankenswerte Leistung. Nun wird es nämlich möglich, sich mit der Schattengestalt auseinanderzusetzen. Und regelmäßig zeigen sich zwei verschiedene, völlig gegensätzliche Bedeutungsseiten einer Teufelsgestalt: Sie besitzt Züge eines »Vampirs« und eines »Kellerkinds«.

Als »Vampir« markieren Schatten und speziell der »Teufel« Gewohnheiten und Gegebenheiten, mit welchen man sich und/oder anderen das Leben schwermacht. Diesen »Teufel« kennenzulernen, lohnt sich nur zum Zwecke, ihn loszuwerden. (Um ihn loszuwerden *muß* man ihn jedoch erkannt haben.) Als »Kellerkind« bezeichnen Schatten und »Teufel« dazu im Gegensatz verdrängte Möglichkeiten und Talente einer Person, welche bislang untergegangen oder verborgengeblieben sind und nach welchen man ein lebendiges Bedürfnis besitzt.

Es ist *eine* Gestalt, ein Symbol – der »Teufel«. Aber er besitzt zwei gänzlich auseinanderlaufende Bedeutungsrichtungen.

Regelmäßig – und nicht nur bei diesem Märchen – kommt es gegenüber der Gestalt des »Teufel« auf einen *Lichttest* an. Licht muß ins Dunkle, damit »Vampir« und Kellerkind sich scheiden. Der Vampir zerfällt zu Staub, wenn Sonne an ihn herankommt; und das »Kellerkind« gewinnt endlich Form und Farbe.

Damit ist ein Lösungsweg für den Widder aufgezeigt, wie er mit der erwähnten schwarzen Nacht der Seele umgehen kann. Wenn der Widder dabei genügend ausdauernd vorgeht, bringt er sein Licht soweit in die Nacht, daß er – wie im vorliegenden Märchen – *alle* Kammern ausleuchtet, jedesmal Unscheinbares in Erkanntes verwandelt und das Licht sogar noch über die Grenzen der bisherigen Vorstellungen hinaus dahin trägt, »wo Fuchs' und Has' sich gute Nacht sagen« (wie es im Text heißt), wo Freund und Feind noch undifferenziert zusammenhausen. Um soweit zu gelangen, braucht der Widder den ganzen Erkundungsdrang seines Mars und die erhöhte Wirksamkeit seiner Sonne.

## ...und das Geheimnis bleibt

Wenn das Rumpelstilzchen sich zerreißt, ist es jedoch nicht einfach verschwunden. Durch die Feuerprobe des »Lichttest«, durch die Auseinandersetzung mit den Schattenseiten und durch die Namensfindung hat die Königin im Märchen es vielmehr geschafft, das Rumpelstilzchen als ein abgespaltenes, alleingelassenes und abgeschobenes Dasein der Feuerkräfte und der lebendigen Erneuerung aufzuheben. Das unbenannte Rumpelstilzchen stirbt. Doch zugleich hat die frühere Müllerstochter nun ein neues »Rumpelstilzchen« erhalten, das auf eine integrierte, mitverantwortliche und aufgehobene Art die Kräfte des lebendigen Lebensfeuers und des steten Neuanfangs *in* ihrer Lebensmitte verkörpert: Ihr Kind. Der Schatten verschwindet, doch das Geheimnis bleibt. Aus einer unheimlichen Randexistenz ist die Kraft des Feuers zu einem ständigen Teil ihres Lebens geworden, welchen sie rufen und »beherrschen« kann, weil sie »es« beim Namen nennen kann.

Wenn wir abschließend Müller, Tochter, König und Rumpelstilzchen/Kind als gleichzeitige Erscheinungsformen *einer* Person betrachten, so erkennen wir darin einen Wachstumsprozeß zur persönlichen Ganzheit. Aus Drei wird Vier und die Alternative »Kind *oder* Gold« wird aufgehoben.

## Identität als Aufgabe...

Es folgt nun das Märchen vom Eisenhans. Auch darin taucht das Motiv »aus Drei wird Vier« auf (bei den Pferdebeinen...) Statt »Kind *oder* Gold« heißt es hier –

umgekehrt aus der Sicht des Kindes, des Königssohns: »Eltern oder Gold (goldene Kugel)«. Und nachdem er zugunsten seiner goldenen Kugel erst lange Zeit von seinen Eltern getrennt und für sie ein verlorener Sohn war, erlangt der Königssohn am Ende ebenfalls die Aufhebung der genannten Alternativen.

Seine Identität bewahrt der Königssohn lange Zeit als Geheimnis. Er stellt sie dar – und so wird sie von Außenstehenden u. a. auch betrachtet –, als habe er einen »grindigen Kopf«, einen Aussatz, als sei er gesellschaftlich aussätzig.

Dazu im folgenden mit Dank und Zustimmung einige Worte aus der schönen Besprechung von Ulla Wittmann. In ihrem Buch »Ich Narr vergaß die Zauberdinge« schreibt Frau Wittman zum »Eisenhans« u. a.:

»Doch warum läßt er sich lieber für seinen ›grindigen‹ Kopf schimpfen, als sein vergoldetes Haupthaar zu zeigen? Es ist etwas, das ihn von den anderen unterscheidet, und er will seine Perlen nicht vor die Säue werfen. Er ist kein Angeber, der sich damit brüstet, einmal einen Blick in die andere Welt geworfen zu haben, und er wird noch deutlich spüren, was es heißt, anders, d. h. ein Individuum zu sein. (...) Die Individuation, scheint es, ist wie eine lange Schwangerschaft. Erst wenn das Kind geboren ist und alle es sehen können, können sie verstehen. Vorher würde das Anderssein nur auf Verachtung stoßen. Eine unvollständige Individuation fühlt sich zunächst an wie ein Hinkefuß. So zeigt der Held seinen Reichtum zunächst noch nicht, nutzt seine Beziehung zum Eisenhans vorerst noch nicht, sondern lebt wie die anderen, eher noch bescheidener und naturverbundener. Dukaten lehnt er ab, Wiesenblumen zieht er den gezüchteten Blumen vor. Erst als es ums Wohl des Ganzen geht, bittet er den Eisenhans um Hilfe. (...) Die Kräfte, die das Ego übersteigen, dürfen nicht zu willkürlichen Zwecken des Egos gebraucht werden...«

## ...und als Geschenk

»...Und noch etwas anderes, das ihm einmal verlorengegangen war, erhält er nun dreifach zurück! Zuerst fing der Eisenhans seinen goldenen Ball. Jetzt fängt er dreimal die goldenen Äpfel der Prinzessin mit Hilfe des Eisenhans. Die Energie, die zuerst dem Unbewußten geopfert werden mußte, wird vermehrt zurückgegeben. Das ist der ›Profit‹ für die Seele, wie Spinoza diesen Ausdruck... benutzte. Jetzt wird auch der Kontakt mit den Eltern wiederhergestellt. Der Kreis ist geschlossen. Am Ende werden alle wiedervereinigt, wohingegen am Anfang des Individuationsprozesses die Trennung und der Konflikt standen. Die Wiedervereinigung geschieht aber auf einer höheren Ebene, denn der verlorene Sohn wird als Held wiedergefunden« (soweit U. Wittmann).

Wie das Rumpelstilzchen, so stellt auch der Eisenhans archetypische Kräfte dar, die speziell der Widder in uns besitzt und zu beherrschen lernen muß. Während jedoch beim Rumpelstilzchen der Name des Feuers im Schatten gesucht und gefunden werden muß, versteckt der Königssohn im folgenden Märchen umgekehrt seinen Namen, seine königliche Identität vor der sichtbaren Öffentlichkeit. Wie Rumpelstilzchen die Unterscheidung und Spaltung des Schattens zum Inhalt hat, so der Eisenhans die Freundschaft und Versöhnung mit dem vormals Unbekannt-Verdrängten.

Vom König, dem Jäger, über den wilden Mann und das rostige Eisen, weiter über den goldenen Ball und dem hellen Goldschopf bis hin zu den bewaffneten Reitern und dem Kriegsglück sowie dem dreifachen goldenen Apfel – bietet der Text Widder-Symbole (einschließlich Mars- und Sonnen-Attribute) in einer solchen Fülle, daß er für den Widder einem »großen Traum« zu vergleichen ist. Wichtiger als weitere Einzelerklärungen scheint es, den Text aufmerksam, »inwendig« zu lesen und den eigenen *Eisenhans* zu erkunden, ihn trockenzulegen und zum Freunde zu gewinnen.

## Der Eisenhans

Es war einmal ein König, der hatte einen großen Wald bei seinem Schloß, darin lief Wild aller Art herum. Zu einer Zeit schickte er einen Jäger hinaus, der sollte ein Reh schießen, aber er kam nicht wieder. »Vielleicht ist ihm ein Unglück zugestoßen«, sagte der König und schickte den folgenden Tag zwei andere Jäger hinaus, die sollten ihn aufsuchen, aber die blieben auch weg. Da ließ er am dritten Tag alle seine Jäger kommen und sprach: »Streift durch den ganzen Wald und laßt nicht ab, bis ihr sie alle drei gefunden habt.« Aber auch von diesen kam keiner wieder heim, und von der Meute Hunde, die sie mitgenommen hatten, ließ sich keiner wieder sehen. Von der Zeit an wollte sich niemand mehr in den Wald wagen, und er lag da in tiefer Stille und Einsamkeit, und man sah nur zuweilen einen Adler oder Habicht darüber hinfliegen. Das dauerte viele Jahre; da meldete sich ein fremder Jäger bei dem König, suchte eine Versorgung und erbot sich, in den gefährlichen Wald zu gehen. Der König aber wollte seine Einwilligung nicht geben und sprach: »Es ist nicht geheuer darin, ich fürchte, es geht dir nicht besser als den andern, und du kommst nicht wieder heraus.« Der Jäger antwortete: »Herr, ich will's auf meine Gefahr wagen; von Furcht weiß ich nichts.«

Der Jäger begab sich also mit seinem Hund in den Wald. Es dauerte nicht lang, so geriet der Hund einem Wild auf die Fährte und wollte hinter ihm her; kaum aber war er ein paar Schritte gelaufen, so stand er vor einem tiefen Pfuhl, konnte nicht weiter, und ein nackter Arm streckte sich aus dem Wasser, packte ihn und zog ihn hinab. Als der Jäger das sah, ging er zurück und holte drei Männer, die mußten mit Eimern kommen und das Wasser ausschöpfen. Als sie auf den Grund sehen konnten, so lag da ein wilder Mann, der braun am Leib war wie rostiges Eisen und dem die Haare über das Gesicht bis zu den Knien herabhingen. Sie banden ihn mit Stricken und führten ihn fort in das Schloß. Da war große Verwunderung über den wilden Mann, der König aber ließ ihn in einen eisernen Käfig auf seinen Hof setzen und verbot bei Lebensstrafe, die Türe des Käfigs zu öffnen, und die Königin mußte den Schlüssel selbst in Verwahrung nehmen. Von nun an konnte ein jeder wieder mit Sicherheit in den Wald gehen.

Der König hatte einen Sohn von acht Jahren, der spielte einmal auf dem Hof, und bei dem Spiel fiel ihm sein goldener Ball in den Käfig. Der Knabe lief hin und sprach: »Gib mir meinen Ball heraus.« – »Nicht eher«, antwortete der Mann, »als bis du mir die Türe aufgemacht hast.« – »Nein«, sagte der Knabe, »das tue ich nicht, das hat der König verboten«, und lief fort. Am andern Tag kam er wieder und forderte seinen Ball; der wilde Mann sagte: »Öffne meine Türe«, aber der Knabe wollte nicht. Am dritten Tag war der König auf die Jagd geritten, da kam der Knabe nochmals und sagte: »Wenn ich auch wollte, ich kann die Türe nicht öffnen, ich habe den Schlüssel nicht.« Da sprach der wilde Mann: »Er liegt unter dem Kopfkissen deiner Mutter, da kannst du ihn holen.« Der Knabe, der seinen Ball wieder haben wollte, schlug alles Bedenken in den Wind und brachte den Schlüssel herbei. Die Türe ging schwer auf, und der Knabe klemmte sich den Finger. Als sie offen war, trat der wilde Mann heraus, gab ihm den goldenen Ball und eilte hinweg. Dem Knaben war angst geworden, er schrie und rief ihm nach: »Ach, wilder Mann, geh nicht fort, sonst bekomme ich Schläge.« Der wilde Mann kehrte um, hob ihn auf, setzte ihn auf seinen Nacken und ging mit schnellen Schritten in den

Wald hinein. Als der König heimkam, bemerkte er den leeren Käfig und fragte die Königin, wie das zugegangen wäre. Sie wußte nichts davon, suchte den Schlüssel; aber er war weg. Sie rief den Knaben, aber niemand antwortete. Der König schickte Leute aus, die ihn auf dem Felde suchen sollten, aber sie fanden ihn nicht. Da konnte er leicht erraten, was geschehen war, und es herrschte große Trauer an dem königlichen Hof.

Als der wilde Mann wieder in dem finstern Wald angelangt war, so setzte er den Knaben von der Schulter herab und sprach zu ihm: »Vater und Mutter siehst du nicht wieder; aber ich will dich bei mir behalten, denn du hast mich befreit, und ich habe Mitleid mit dir. Wenn du alles tust, was ich dir sage, so sollst du's gut haben. Schätze und Gold habe ich genug und mehr als jemand in der Welt.« Er machte dem Knaben ein Lager von Moos, auf dem er einschlief, und am andern Morgen führte ihn der Mann zu einem Brunnen und sprach: »Siehst du, der Goldbrunnen ist hell und klar wie Kristall; du sollst dabeisitzen und achthaben, daß nichts hineinfällt, sonst ist er verunehrt. Jeden Abend komme ich und sehe, ob du mein Gebot befolgt hast.« Der Knabe setzte sich an den Rand des Brunnens, sah, wie manchmal ein goldener Fisch, manchmal eine goldene Schlange sich darin zeigte, und hatte acht, daß nichts hineinfiel. Als er so saß, schmerzte ihn auf einmal der Finger so heftig, daß er ihn unwillkürlich in das Wasser streckte. Er zog ihn schnell wieder heraus, sah aber, daß er ganz vergoldet war, und wie große Mühe er sich gab, das Gold wieder abzuwischen, es war alles vergeblich. Abends kam der Eisenhans zurück, sah den Knaben an und sprach: »Was ist mit dem Brunnen geschehen?« – »Nichts, nichts«, antwortete er und hielt den Finger auf den Rücken, daß er ihn nicht sehen sollte. Aber der

Mann sagte: »Du hast den Finger in das Wasser getaucht; diesmal mag's hingehen, aber hüte dich, daß du nicht wieder etwas hineinfallen läßt.« Am frühesten Morgen saß er schon bei dem Brunnen und bewachte ihn. Der Finger tat ihm wieder weh, und er fuhr damit über seinen Kopf; da fiel unglücklicherweise ein Haar herab in den Brunnen. Er nahm es schnell heraus; aber es war schon ganz vergoldet. Der Eisenhans kam und wußte schon, was geschehen war. »Du hast ein Haar in den Brunnen fallen lassen«, sagte er, »ich will dir's noch einmal nachsehen, aber wenn's zum drittenmal geschieht, so ist der Brunnen entehrt und du kannst nicht länger bei mir bleiben.« Am dritten Tage saß der Knabe am Brunnen und bewegte den Finger nicht, wenn er ihm noch so weh tat. Aber die Zeit ward ihm lang, und er betrachtete sein Angesicht, das auf dem Wasserspiegel stand. Und als er sich dabei immer mehr beugte und sich recht in die Augen sehen wollte, so fielen ihm seine langen Haare von den Schultern herab in das Wasser. Er richtete sich schnell in die Höhe; aber das ganze Haupthaar war schon vergoldet und glänzte wie die Sonne. Ihr könnt denken, wie der arme Knabe erschrak. Er nahm sein Taschentuch und band es um den Kopf, damit es der Mann nicht sehen sollte. Als er kam, wußte er schon alles und sprach: »Binde das Tuch auf.« Da quollen die goldenen Haare hervor, und der Knabe mochte sich entschuldigen, wie er wollte, es half ihm nichts. »Du hast die Probe nicht bestanden und kannst nicht länger hier bleiben. Geh hinaus in die Welt, da wirst du erfahren, wie die Armut tut. Aber weil du kein böses Herz hast und ich's gut mit dir meine, so will ich dir eins erlauben; wenn du in Not gerätst, so geh zu dem Wald und rufe ›Eisenhans‹, dann will ich kommen und dir helfen. Meine Macht ist groß, größer als du denkst, und Gold und Silber habe ich im Überfluß.«

Da verließ der Königssohn den Wald und ging über gebahnte und ungebahnte Wege immerzu, bis er zuletzt in eine große Stadt kam. Er suchte da Arbeit, aber er konnte keine finden und hatte auch nichts erlernt, womit er sich hätte forthelfen können. Endlich ging er in das Schloß und fragte, ob sie ihn behalten wollten. Die Hofleute wußten nicht, wozu sie ihn brauchen sollten, aber sie hatten Wohlgefallen an ihm und hießen ihn bleiben. Zuletzt nahm ihn der Koch in Dienst und sagte, er könnte Holz und Wasser tragen und die Asche zusammenkehren. Einmal, als gerade kein anderer zur Hand war, hieß ihn der Koch die Speisen zur königlichen Tafel tragen; da er aber seine goldenen Haare nicht wollte sehen lassen, so behielt er sein Hütchen auf. Dem König war so etwas noch nicht vorgekommen, und er sprach: »Wenn du zur königlichen Tafel kommst, mußt du deinen Hut abziehen.« – »Ach, Herr«, antwortete er, »ich kann nicht, ich habe einen bösen Grind auf dem Kopf.« Da ließ der König den Koch herbeirufen, schalt ihn und fragte, wie er einen solchen Jungen hätte in seinen Dienst nehmen können; er sollte ihn gleich fortjagen. Der Koch aber hatte Mitleiden mit ihm und vertauschte ihn mit dem Gärtnerjungen.

Nun mußte der Junge im Garten pflanzen und begießen, hacken und graben und Wind und böses Wetter über sich ergehen lassen. Einmal im Sommer, als er allein im Garten arbeitete, war der Tag so heiß, daß er sein Hütchen abnahm und die Luft ihn kühlen sollte. Wie die Sonne auf das Haar schien, glitzte und blitzte es, daß die Strahlen in das Schlafzimmer der Königstochter fielen und sie aufsprang, um zu sehen, was das wäre. Da erblickte sie den Jungen und rief ihn an: »Junge, bring mir einen Blumenstrauß.« Er setzte in aller Eile sein Hütchen auf, brach wilde Feldblumen ab und band sie zusammen. Als er damit die Treppe hinaufstieg, begegnete ihm der Gärtner und sprach: »Wie kannst du der Königstochter einen Strauß von schlechten Blumen bringen? Geschwind hole andere und suche die schönsten und seltensten aus.« – »Ach nein«, antwortete der Junge, »die wilden riechen kräftiger und werden ihr besser gefallen.« Als er in ihr Zimmer kam, sprach die Königstochter: »Nimm dein Hütchen ab, es ziemt sich nicht, daß du es vor mir aufbehältst.« Er antwortete wieder: »Ich darf nicht, ich habe einen grindigen Kopf.« Sie griff aber nach dem Hütchen und zog es ab; da rollten seine goldenen Haare auf die Schultern herab, daß es prächtig anzusehen war. Er wollte fortspringen, aber sie hielt ihn am Arm und gab ihm eine Handvoll Dukaten. Er ging damit fort, achtete aber des Goldes nicht, sondern er brachte es dem Gärtner und sprach: »Ich schenke es deinen Kindern, die können damit spielen.« Den andern Tag rief ihm die Königstochter abermals zu, er solle ihr einen Strauß Feldblumen bringen, und als er damit eintrat, grapste sie gleich nach seinem Hütchen und wollte es ihm wegnehmen, aber er hielt es mit beiden Händen fest. Sie gab ihm wieder eine Handvoll Dukaten, aber er wollte sie nicht behalten und gab sie dem Gärtner zum Spielwerk für seine Kinder. Den dritten Tag ging's nicht anders, sie konnte ihm sein Hütchen nicht wegnehmen, und er wollte ihr Gold nicht.

Nicht lange danach ward das Land mit Krieg überzogen. Der König sammelte sein Volk und wußte nicht, ob er dem Feind, der übermächtig war und ein großes Heer hatte, Widerstand leisten könnte. Da sagte der Gärtnerjunge: »Ich bin herangewachsen und will mit in den Krieg ziehen, gebt mir nur ein Pferd.« Die andern lachten und sprachen: »Wenn wir fort sind, so suche dir eins; wir wollen dir eins im Stall zurücklassen.« Als sie ausgezogen waren, ging er in den Stall und zog das Pferd heraus; es war an einem Fuß lahm und hickelte hunkepuus, hunkepuus. Dennoch setzte er sich auf und ritt nach dem dunklen Wald. Als er an den Rand gekommen war, rief er dreimal »Eisenhans« so laut, daß es durch die Bäume schallte. Gleich darauf erschien der wilde Mann und sprach: »Was verlangst du?« – »Ich verlange ein starkes Roß; denn ich will in den Krieg ziehen.« – »Das sollst du haben und noch mehr, als du verlangst.« Dann ging der wilde Mann in den Wald zurück, und es dauerte nicht lange, so kam ein Stallknecht aus dem Wald und führte ein Roß herbei, das schnaubte aus den Nüstern und war kaum zu bändigen. Und hinterher folgte eine große Schar Kriegsvolk, ganz in Eisen gerüstet, und ihre Schwerter blitzten in der Sonne. Der Jüngling übergab dem Stallknecht sein dreibeiniges Pferd, bestieg das andere und ritt vor der Schar her. Als er sich dem Schlachtfeld näherte, war schon ein großer Teil von des Königs Leuten gefallen, und es fehlte nicht viel, so mußten die übrigen weichen. Da jagte der Jüngling mit seiner eisernen Schar heran, fuhr wie ein Wetter über die Feinde und schlug alles nieder, was sich ihm widersetzte. Sie wollten fliehen; aber der Jüngling saß ihnen auf dem Nacken und ließ nicht ab, bis kein Mann mehr übrig war. Statt aber zu dem König zurückzukehren, führte er seine Schar auf Umwegen wieder zu dem Wald und rief den Eisenhans heraus. »Was verlangst du?« fragte der wilde Mann. »Nimm dein Roß und deine Schar zurück und gib mir mein dreibeiniges Pferd wieder.« Es geschah alles, was er verlangte, und er ritt auf seinem dreibeinigen Pferd heim. Als der König wieder in sein Schloß kam, ging ihm seine Tochter entgegen und wünschte ihm Glück zu seinem Sieg. »Ich bin es nicht, der den Sieg davongetragen hat«, sprach er, »sondern ein fremder Ritter, der mir mit seiner Schar zu Hilfe kam.« Die Tochter wollte wissen, wer der fremde Ritter wäre; aber der König wußte es nicht und sagte: »Er hat den Feind verfolgt, und ich habe ihn nicht wieder gesehen.« Sie erkundigte sich bei dem Gärtner nach seinem Jungen; der lachte aber und sprach: »Eben ist er auf seinem dreibeinigen Pferd heimgekommen, und die andern haben gespottet und gerufen: ›Da kommt unser Hunkepuus wieder an.‹ Sie fragen auch: ›Hinter welcher Hecke hast du derweil gelegen und geschlafen?‹ Er sprach aber: ›Ich habe das Beste getan, und ohne mich wäre es schlecht gegangen.‹ Da ward er noch mehr ausgelacht.«

Der König sprach zu seiner Tochter: »Ich will ein großes Fest ansagen lassen, das drei Tage währen soll, und du sollst einen goldenen Apfel werfen; vielleicht kommt der Unbekannte herbei.« Als das Fest verkündigt war, ging der Jüngling hinaus zu dem Wald und rief den Eisenhans. »Was verlangst du?« fragte er. »Daß ich den goldenen Apfel der Königstochter fange.« – »Es ist so gut, als hättest du ihn schon«, sagte Eisenhans, »du sollst auch eine rote Rüstung dazu haben und auf einem stolzen Fuchs reiten.« Als der Tag kam, sprengte der Jüngling heran, stellte sich unter die Ritter und ward von niemand erkannt. Die Königstochter trat hervor und warf den Rittern einen goldenen Apfel zu, aber keiner fing ihn als er allein; aber sobald er ihn hatte, jagte er davon. Am zweiten Tag hatte ihn der Eisenhans als weißen Ritter ausgerüstet und ihm einen Schimmel gegeben. Abermals fing er allein den Apfel, verweilte aber keinen Augenblick, sondern jagte damit fort. Der König ward bös und sprach: »Das ist nicht erlaubt, er muß vor mir erscheinen und seinen Namen nennen.« Er gab den Befehl, wenn der Ritter, der den Apfel gefangen habe, sich wieder davonmachte, so sollte man ihm nachsetzen und, wenn er nicht gutwillig zurückkehrte, auf ihn hauen und stechen. Am dritten Tag erhielt er vom Eisenhans eine schwarze Rüstung und einen Rappen und fing auch wieder den Apfel. Als er aber damit fortjagte, verfolgten ihn die Leute des Königs, und einer kam ihm so nahe, daß er mit der Spitze des Schwerts ihm das Bein verwundete. Er entkam ihnen jedoch; aber sein Pferd sprang so gewaltig, daß der Helm ihm vom Kopf fiel, und sie konnten sehen, daß er goldene Haare hatte. Sie ritten zurück und meldeten dem König alles.

Am andern Tag fragte die Königstochter den Gärtner nach seinem Jungen. »Er arbeitet im Garten; der wunderliche Kauz ist auch bei dem Fest gewesen und erst gestern abend wiedergekommen; er hat auch meinen Kindern drei goldene Äpfel gezeigt, die er gewonnen hat.« Der König ließ ihn vor sich fordern, und er erschien und hatte wieder sein Hütchen auf dem Kopf. Aber die Königstochter ging auf ihn zu und nahm es ihm ab, und da fielen seine goldenen Haare über die Schultern, und er war so schön, daß alle erstaunten. »Bist du der Ritter gewesen, der jeden Tag zu dem Fest gekommen ist, immer in einer andern Farbe, und der die drei goldenen Äpfel gefangen hat?« fragte der König. »Ja«, antwortete er, »und da sind die Äpfel«, holte sie aus seiner Tasche und reichte sie dem König. »Wenn Ihr noch mehr Beweise verlangt, so könnt Ihr die Wunde sehen, die mir Eure Leute geschlagen haben, als sie mich verfolgten. Aber ich bin auch der Ritter, der Euch zum Sieg über die Feinde geholfen hat.« – »Wenn du solche Taten verrichten kannst, so bist du kein Gärtnerjunge! Sage mir, wer ist dein Vater?« – »Mein Vater ist ein mächtiger König, und Goldes habe ich die Fülle und soviel ich nur verlange.« –

»Ich sehe wohl«, sprach der König, »ich bin dir Dank schuldig. Kann ich dir etwas zu Gefallen tun?« – »Ja«, antwortete er, »das könnt Ihr wohl, gebt mir Eure Tochter zur Frau.« Da lachte die Jungfrau und sprach: »Der macht keine Umstände; aber ich habe schon an seinen goldenen Haaren gesehen, daß er kein Gärtnerjunge ist«, ging dann hin und küßte ihn.

Zu der Vermählung kam sein Vater und seine Mutter und waren in großer Freude; denn sie hatten schon alle Hoffnung aufgegeben, ihren lieben Sohn wieder zu sehen. Und als sie an der Hochzeitstafel saßen, da schwieg auf einmal die Musik, die Türen gingen auf, und ein stolzer König trat herein mit großem Gefolge. Er ging auf den Jüngling zu, umarmte ihn und sprach: »Ich bin der Eisenhans und war in einen wilden Mann verwünscht, aber du hast mich erlöst. Alle Schätze, die ich besitze, die sollen dein Eigentum sein.«

# Macht und Abenteuer

Der Widder
als Sinnbild der Selbst-Bestimmung

Anläßlich des Rider-Bildes der »zwei Stäbe« (ein Mensch auf einem Balkon oder einer Burgzinne schaut aufs Meer und hält einen Stab sowie eine Weltkugel...) wird in der Tarot-Literatur mitunter auf die Legende vom traurigen Ende Alexanders des Großen verwiesen. Alexander hatte für die damaligen Zeiten (des widderhaften 4. Jahrhunderts v. Chr.) ein *Weltreich* erobert, ja, er war der erste »Weltherrscher« der abendländischen Kulturgeschichte. Er forderte von seinen Untertanen in Ost und West die Anerkennung als Gott und eine kultische Verehrung. Er legte das Fundament des Herrscherkultes, welcher die Antike bis zum Ausgang der römischen Kaiserzeit prägen sollte. – Von diesem Alexander heißt es nun, er habe am Ende seiner Eroberungen bitterlich geweint, weil er nichts mehr vor sich gehabt habe, das noch zu erkämpfen gewesen sei. Manche der Tarot-Kommentare interpretieren die Legende nach dem Motto »Erfolg macht nicht glücklich« und wollen sich soweit begnügen. Damit ist jedoch ein wesentliches Mißverständnis angezeigt, zumindest was den Widder in uns heute anbelangt.

Als Herrscher in der »Regierungskunst des Sein« (Romano Guardini) ist der Widder in uns gerade darauf angewiesen und (bewußt oder unbewußt) darauf auch erpicht, an einen Punkt der Entwicklung zu gelangen, wo er »nichts mehr vor sich« hat. Je deutlicher die Erfahrung vor Augen tritt, daß man eine eigene Identität, eine einmalige Identität besitzt, desto klarer wird auch das »Nichts« zu einer erfahrbaren und faßbaren Größe. Das erkennbare Nichts ist Gegensatz und Ergänzung, ein notwendiges Gegenüber der Selbst-Bestimmung, der persönlichen Freiheit und ihrer Verantwortung. Ähnlich wie manche Könige in der Vergangenheit sich einen Hofnarren hielten, so braucht der Widder in uns eine Erfahrung seiner Grenzen, an welchen die Macht aller bisherigen Bilder verblaßt und das Neuland, das Typische einer neuen Persönlichkeit beginnt. Insofern stand Alexander der Große am Ende seiner Eroberungen geradewegs am Anfang einer Selbst-Begegnung, und dies sollte, aus heutiger Sicht, nicht Grund zum Kummer, sondern Anlaß zur Genugtuung sein.

## Buntes Nichts

Jenes »Nichts« ist nicht einfach leer oder hohl; es erscheint der Seele als eine schwarze Nacht und dem Bewußtsein als eine weiße Wand. Dem Widder als ganzen steckt dieses »Nichts« erst einmal im Blut. Das ist der entscheidende Grund übrigens, falls er einmal »rot« sieht: Die Vorbilder und die vorgegebenen Verhaltensnormen, welche er ererbt, bieten nur zu einem gewissen Teil Raum für seine persönliche Identität. (Widder-Kinder machen sich oft schon früh in ihren Anschauungen, Einstellungen und Gewohnheiten selbständig.) An die Stelle der Blutsverwandtschaft muß die Wahlverwandtschaft treten – bis in die eingefleischten Instinkte, die Leidenschaften und die Bedürfnisgewohnheiten. Der ersten Geburt, welche ein bestimmtes Dasein schlicht begründet, soll eine zweite Geburt folgen, welche die erste bestätigt oder neudefiniert. Das eigene Dasein wird sich selbst am meisten gerecht, wenn es sich in Bewußtsein, in ein bewußtes Sein verwandelt.

Dieses »Nichts« in schwarz, weiß, rot, und in welchen Farben auch sonst noch, besitzt die Funktion, Eigenart, Persönlichkeit und »Charakter« eines Menschen besonders herauszustellen. Es geht weder darum, sich persönlich mit einem Nichts zu identifizieren, noch darum, aus der Begegnung mit der großen Leere und Stille eine Weltanschauung zu machen (sondern eine Rüstung, wie der rot-weiß-schwarze Ritter beim »Eisenhans«). Bis er begreift, daß das Nichts kein Selbstzweck ist, sondern vielmehr einem Vakuum gleicht, welches – wie in einer Bildröhre – vonnöten ist, damit der Widder-Typus selbst auf der Bildfläche umso besser in Erscheinung treten kann, findet der Widder sich immer wieder vor Katastrophen oder vor den Trümmern seiner bisherigen Arbeits- oder Lebensweise. Bis er den Weg zu einem selbstbestimmten Dasein geebnet hat, sind die Erfahrungen von gewaltsamer Willkür wie auch der *vanitas* (d. h. der Leere, der Vergeblichkeit sowie der Eitelkeit und der »Hoffahrt«) des Seins entweder eine ständige Begleiterin des Widders oder sein meistbekämpfter Gegner.

## Historische Rivalitäten

Alle Auseinandersetzungen zwischen Vätern und Söhnen, zwischen Eltern und Kindern in jeglicher Beziehung, zwischen »Herrschern« und »Beherrschten«, Machthaber/innen und solchen, die es noch werden wollen oder aber es werden sollten, spiegeln jeweils verschiedene Aspekte auf dem Weg zur notwendigen Selbst-Bestimmung des Widders.

Die Auseinandersetzungen zwischen »Vätern und Söhnen«, dem alten und dem neuen Leben, alter und neuer Macht, waren in Vorzeiten ein Kampf auf Leben und Tod. Auf die Menschenopfer in vorpatriarchalen Zeiten geht der Brauch zurück, den erstgeborenen Sohn zu opfern. Davon berichtet noch das Alte Testament in der Geschichte von Abraham und Isaak, in welcher sich allerdings ein historischer Wandel vollzieht: Isaak, der erstgeborene Sohn, bleibt lebend, und an seiner Stelle wird ein Widder geopfert. In übertragener Bedeutung setzt sich die Vorstellung vom Opfer des Erstlingssohnes durch Gott (durch Gottvater) auch im christlichen Ostergeschehen fort. Der zweite große Wandel, der sich dabei jedoch kundtut, besteht darin, daß Tod und Wiedergeburt sich am selben Menschen vollziehen, daß Diesseits und Jenseits »kompatibel« werden.

Das Motiv des Erstlingsopfers zieht sich quer durch die Widder-Symbolik. Dädalos, der seinen geliebten Sohn Ikaros verliert, handelt davon, ebenso wie die Geschichte vom Rumpelstilzchen, in welcher das Opfer des ersten Kindes gefordert, jedoch abgewendet wird. –

Auf der anderen Seite ging es historisch auch den »Vätern« an den Kragen. Wiederum auf archaische Menschenopfer, bei welchen der alte König sterben mußte, gehen Vorstellungen vom »Vatermord« zurück, welche – festgemacht an der mythischen Gestalt des Ödipus – bis in die jüngste Zeit hinein in der Psychologie und in vielen Kultursparten wirksam geblieben sind. Ödipus heißt wörtlich Schwellfuß (ihm waren, als er ausgesetzt wurde, die Füße durchbohrt worden). Und es fällt auf, daß viele der Symbolfiguren des Widders in ähnlicher Weise *hinken*. Das gilt für Hephaistos, den Schmiedegott, wie für sein menschliches Abbild, den Dädalos. Rumpelstilzchen hüpft auf einem Bein, und der Goldkopf im »Eisenhans« reitet einen *Hunkepuus*.

Auf diesem Hintergrund möglicher ödipaler Rivalitäten und Sehnsüchte ist es vielleicht kein Wunder, daß viele der Widder-Symbole in traditioneller Deutung schlechte Noten, d.h. eine negative Bewertung erhalten haben. Das beginnt in der Astrologie, in welcher Ares/Mars nicht selten als »unbeliebter Gott« abgehandelt wird und in welcher weiterhin die Sonne in ihrer gestaltbildenden Funktion für den Widder schlicht unterschlagen oder vergessen wird, obwohl die erhöhte Sonne seit alters zum astrologischen Instrumentarium gehört und obwohl die Sonne als Dekadenherrscher (neben Mars und Venus) bis auf die altgriechische Astrologie zurückgeht. Das setzt sich fort im Bereich des Tarot, wo insbesondere die Karte »Der Herrscher/Der Kaiser« oft eine ablehnende Interpretation erfahren hat: »Auch in seinen besten Möglichkeiten bleibt der Herrscher allerdings begrenzt«, meint Rachel Pollack. »Vorherrschaft, Stillstand, Festlegung und Erstarrung in einem Zustand«, erkennt Luisa Francia im Bild des Herrschers. Hans-Dieter Leuenberger sieht den Herrscher vor allem zwischen den Polaritäten eines »unrealistischen Ideal« und einer »versteinerten, lebensfeindlichen Institution«, zwischen zwei Übeln also.

# Mut zur Selbst-Bestimmung

Im Verein mit solcher Skepsis kennt die Literatur aber auch eine verbreitete Sehnsucht nach dem »Vater«. Die Astrologie war und ist über weite Strecken ausgefüllt mit der Suche nach Vorbildern und prominenten Datenlieferanten als Orientierungsgebern. Noch der Kult um den Aszendenten drückt eine unvergleichliche Sehnsucht nach Widder- und »Herrscher-«Macht aus. Bis auf den heutigen Tag sind Traum- und Märchendeutungen im Umlauf, in welchen entweder ein Großer Vater wie S. Freud oder C.G. Jung oder aber ein Klient oder eine Klientin aus der Therapie wie ein Großes Kind so absolutgesetzt werden, daß jeder selbständige, systematische Gedanke dahinter zurücktritt. In vielen esoterischen Schulen ist der persönliche und individuelle Wille tabu, und zugleich werden leuchtende Bilder von Pharaonen und Sonnenkönigen vermittelt, idealisierte Versionen von Widder- und Löwe-Kräften, die nicht der Entwicklung von Selbst-Bestimmung und Selbst-Bewußtsein förderlich sind, sondern welche die Einsatz- und Opferbereitschaft der Feuerkräfte für andere Zwecke ausnutzen. »Rückkehr ins Vaterhaus der Ureinheit« heißt erklärtermaßen die Zielsetzung zahlreicher esoterischer Strömungen, und nur der Widersinn, der in diesen Worten liegt, läßt noch ahnen, daß es hier vielleicht einmal darum ging, dem Widder, der in uns steckt, einen Sinn zu geben.

Man sollte es nicht verkennen: Ein eigener Wille gilt, auch am Ende des 20. Jahrhunderts, teilweise als unerhörter Luxus: Entweder man besitzt ihn nicht – oder man gibt nichts von ihm ab. Die Angst vor einem persönlichen Willen (vor seinen Konsequenzen, vor seinen Veränderungen) mag als berechtigt gelten, solange insbesondere die »schwarze Nacht der Seele« ausweglos erscheint. Doch diese Furcht kann geheilt werden. Das neugeborene Königskind im Märchen von Rumpelstilzchen legt davon Zeugnis ab, viele Osterriten und Frühlingsbräuche ebenfalls. Wenn in der Osternacht das Feuer entzündet und geweiht wird, so symbolisiert dies die Überwindung der Dunkelheit und eine ähnliche oder gleiche Spaltung des dunklen Schattens, welche das Rumpelstilzchen als personifizierte Symbolgestalt durchexerziert.

## Osterfeuer

Zugleich bedeutet das Feuer aus der Osternacht eine Erinnerung, ein Gleichnis: Zur Menschwerdung gehört es, daß in jedem Menschen ein »Licht« vorhanden ist. Jede und jeder trägt eine »Sonne« in sich, einen Seelenfunken, der einen Bruchteil und doch auch ein Ebenbild der einen Sonne darstellt. Es kommt nur darauf an, sich diesen »Funken der Begeisterung« bewußtzumachen. Auch dazu feiern wir heute noch Ostern, das Fest der Morgenröte, der Passion und der Auferstehung. (»Wir sind *aufgestanden*«, sagte kürzlich die Rednerin vor dem Millionenpublikum einer Friedensdemonstration in Bonn, »wir sind aufgestanden, und wir werden weitergehen«.)

Die »Sonne« selbst stellt den Widder jedoch vor seinen ältesten Widerspruch. Er besitzt sie, die Sonne, nämlich jeweils doppelt: Die Sonne als die *Lebensmitte* innerhalb der eigenen Person und die Sonne am

Himmel, Inbegriff der Mitte allen Lebens (soweit es nicht unser Sonnensystem übersteigt). Es ist schwierig, adäquate Begriffe und Entsprechungen für diese beiden Sonnen festzulegen. Dennoch: Die Sonne, das Zentrum der schöpferischen Kräfte innerhalb *eines* Menschen soll hier als »Ich« verstanden werden; die Sonne als Zentrum allen Lebens (im genannten Bezugsrahmen) soll als »Gott«, als »ganzheitliches Selbst« und als »Das, was größer ist als wir« aufgefaßt werden.

*Die entscheidende Aufgabe des Widders besteht nun darin, beide Sonnen in Verbindung bzw. in Übereinstimmung zu bringen.* Das bedeutet und das schafft die *Identität,* welche nach allgemeiner Auffassung *das* Lebensthema des Widders darstellt. »Ich bin« lautet die astrologische Definition des Widders. Diesen Satz zu vervollständigen (»Ich bin Ich«, »Ich bin Du«, »Ich bin Nicht-Ich« »Ich bin Wieder-Ich« usw. usw.), zieht sich wie ein roter Faden durch das Widder-Leben und beschert die größte Macht und die schönsten Abenteuer eines Widders.

Identität heißt *Ebenbildlichkeit* und kann *Wesensübereinstimmung* bedeuten. Wenn der persönliche Wille und »Gottes« Wille übereinstimmen, dann finden wir zu unserer schönsten und weitreichendsten Identität. Diese Kraft ist es, die Stroh in Gold verwandelt und rostiges Eisen zu hilfreich-angenehmen Kunstwerken umschmiedet. Die Vergoldung des Daseins im Märchen drückt dasgleiche aus wie Erlösung und Erleuchtung in den Religionen.

# Feuer in den Augen

Jener sehr persönlichen und doch überindividuellen Identität begegnen wir, wenn wir uns im Anderen wiederfinden und den, die oder das Andere in uns erkennen. Die Erfahrung von Erlösung und Erleuchtung bedeutet, daß dabei auch das »Tigerauge« der archetypischen Urkräfte mitschauen und mitgesehen werden darf.

Eine kostbare Darstellung einer solchen Erfahrung von Identität und schauender Erkenntnis gibt die Schlußpassage aus der Erzählung »Siddharta« von Hermann Hesse, aus der nun im Anschluß zitiert wird. Wenn wir die Betrachtung der Widder-Symbolik im folgenden mit poetischen Worten beschließen, so schwingt darin eine gewisse Botschaft an den Widder in uns mit. »Poesie« kommt vom altgriechischen »Pöesis« (Poiesis), vom selben Wortstamm, aus dem sich auch das Wörtchen »Power« ableitet. (Poiesis wird u. a. übersetzt mit »Tun, Machen, Schaffen, Schöpfen, Dichten...«) Persönliche Power braucht – und entwickelt – die schöpferischen Kräfte der Poesie. – Dieser mögen die geneigte Leserin, der geneigte Leser nun in Richtung Morgenland, nach Indien folgen.

In dieser Erzählung trifft Govinda als alter Mann seinen ebenfalls altgewordenen Freund Siddharta, den *Buddha*, an. In ihrer Begegnung schwingt soviel Begeisterung, soviel erlösende Befreiung mit, daß man ihr Zusammentreffen in mystischen Begriffen beschreiben müßte, wenn es nicht andererseits auch völlig alltägliche, auf »normale« Intuition und Erfahrung gegründete Einsichten wären, welche den beiden Männern hier zuteil werden. (Im übrigen ist es nur eine andere

Version davon, wie im »Rumpelstilzchen« der Müller vor den König tritt, jedoch die gleiche Geschichte, wenn nun Govinda sich dem Siddharta zuwendet:)

»Während aber Govinda verwundert, und dennoch von großer Liebe und Ahnung gezogen, seinen Worten gehorchte, sich nahe zu ihm neigte und seine Stirn mit den Lippen berührte, geschah ihm etwas Wunderbares. Während seine Gedanken noch bei Siddharthas wunderlichen Worten verweilten, während er sich noch vergeblich und mit Widerstreben bemühte, sich die Zeit hinwegzudenken, sich Nirwana und Sansara als Eines vorzustellen, während sogar eine gewisse Verachtung für die Worte des Freundes in ihm mit einer ungeheuren Liebe und Ehrfurcht stritt, geschah ihm dieses:
Er sah seines Freundes Siddhartha Gesicht nicht mehr, er sah statt dessen andere Gesichter, viele, eine lange Reihe, einen strömenden Fluß von Gesichtern, von Hunderten, von Tausenden, welche alle kamen und vergingen und doch alle zugleich dazusein schienen, welche alle sich beständig veränderten und erneuerten, und welche doch alle Siddhartha waren. Er sah das Gesicht eines Fisches, eines Karpfens, mit unendlich schmerzvoll geöffnetem Maule, eines sterbenden Fisches, mit brechenden Augen – er sah das Gesicht eines neugeborenen Kindes, rot und voll Falten, zum Weinen verzogen – er sah das Gesicht eines Mörders, sah ihn ein Messer in den Leib eines Menschen stechen – er sah, zur selben Sekunde, diesen Verbrecher gefesselt knien und sein Haupt vom Henker mit einem Schwertschlag abgeschlagen werden – er sah die Körper von Männern und Frauen nackt in Stellungen und Kämpfen rasender Liebe – er sah Leichen ausgestreckt, still, kalt, leer – er

sah Tierköpfe, von Ebern, von Krokodilen, von Elefanten, von Stieren, von Vögeln – er sah Götter, sah Krischna, sah Agni – er sah alle diese Gestalten und Gesichter in tausend Beziehungen zueinander, jede der andern helfend, sie liebend, sie hassend, sie vernichtend, sie neu gebärend, jede war ein Sterbenwollen, ein leidenschaftlich schmerzliches Bekenntnis der Vergänglichkeit, und keine starb doch, jede verwandelte sich nur, wurde stets neu geboren, bekam stets ein neues Gesicht, ohne daß doch zwischen einem und dem anderen Gesicht Zeit gelegen wäre – und alle diese Gestalten und Gesichter ruhten, flossen, erzeugten sich, schwammen dahin und strömten ineinander, und über alle war beständig etwas Dünnes, Wesenloses, dennoch Seiendes, wie ein dünnes Glas oder Eis gezogen, wie eine durchsichtige Haut, eine Schale oder Form oder Maske von Wasser, und diese Maske lächelte, und diese Maske war Siddharthas lächelndes Gesicht, das er, Govinda, in eben diesem selben Augenblick mit den Lippen berührte. Und, so sah Govinda, dies Lächeln der Maske, dies Lächeln der Einheit über den strömenden Gestaltungen, dies Lächeln der Gleichzeitigkeit über den tausend Geburten und Toden, dies Lächeln Siddharthas war genau dasselbe, war genau das gleiche, stille, feine, undurchdringliche, vielleicht gütige, vielleicht spöttische, weise, tausendfältige Lächeln Gotamas, des Buddha, wie er selbst es hundertmal mit Ehrfurcht gesehen hatte. So, das wußte Govinda, lächelten die Vollendeten.

Nicht mehr wissend, ob es Zeit gebe, ob diese Schauung eine Sekunde oder hundert Jahre gewährt habe, nicht mehr wissend, ob es einen Siddhartha, ob es einen Gotama, ob es Ich und Du gebe, im Innersten wie von einem göttlichen Pfeile verwundet, dessen Verwundung süß schmeckt, im Innersten verzaubert und aufgelöst, stand Govinda noch eine kleine Weile, über Siddharthas stilles Gesicht gebeugt, das er soeben geküßt hatte, das soeben Schauplatz aller Gestaltungen, alles Werdens, alles Seins gewesen war. Das Antlitz war unverändert, nachdem unter seiner Oberfläche die Tiefe der Tausendfältigkeit sich wieder geschlossen hatte, er lächelte still, lächelte leise und sanft, vielleicht sehr gütig, vielleicht sehr spöttisch, genau wie er gelächelt hatte, der Erhabene.

Tief verneigte sich Govinda, Tränen liefen, von welchen er nichts wußte, über sein altes Gesicht, wie ein Feuer brannte das Gefühl der innigsten Liebe, der demütigsten Verehrung in seinem Herzen. Tief verneigte er sich, bis zur Erde, vor dem regungslos Sitzenden, dessen Lächeln ihn an alles erinnerte, was er in seinem Leben jemals geliebt hatte, was jemals in seinem Leben ihm wert und heilig gewesen war.«

# Anmerkungen

**S. 11:** **Schäferdichtung:** Auch Hirten- oder bukolische Dichtung. Dichtung, die in Arkadien, einer idyllischen Welt der Hirten spielt. Die *Bucolica* schrieb Vergil im 1. Jahrhundert v. Chr.

**S. 15:** **Erich Fromm:** Märchen, Mythen, Träume. Eine Einführung in das Verständnis einer vergessenen Sprache. Reinbek 1981, S. 15

**S. 25:** »**Wie regiert man...**«: Laotse, zit. n. Ulla Wittmann: Ich Narr vergaß die Zauberdinge. Märchen als Lebenshilfe für Erwachsene. (Ansata Verlag) Interlaken 1985, S. 81

**S. 25:** **Robert v. Ranke-Graves:** Griechische Mythologie. Quellen und Deutung. Bd. 1. Reinbek 1982, S. 56 f.

**S. 28:** **Heinrich Krefeld (Hrsg.):** Res Romanae. Frankfurt a. M. 1967, S. 63

**S. 28:** **Mars als Frühlingsgott:** Nach Robert v. Ranke-Graves, a. a. O., S. 24, galt der *Planet* Mars in der altgriechischen Astrologie als Symbol des *Wachstums*.

**S. 30:** **Erhöhung der Planeten:** Jeder Planet besitzt in der Astrologie ein Zeichen, in welchem er erhöht steht. In dieser erhöhten Position sind der betreffende Planet wie das betroffene Zeichen besonders stark; allerdings erfahren beide – Planet und Zeichen – im Vorgang der Erhöhung Veränderungen und Verwandlungen. Die Erhöhung gehört ebenso zum klassischen Repertoire der Astrologie wie die einfache Herrschaft eines Planeten in einem Zeichen. Dennoch verzichten erstaunlicherweise nicht wenige astrologische Werke auf die Behandlung der erhöhten Planetenstellungen. Die Charakteristik eines Zeichens wird jedoch durch die Beachtung des herrschenden und des erhöhten Planeten erst im ganzen Umfange verständlich. Die nachfolgende Tabelle gibt eine Zusammenstellung der üblichen Erhöhungen.

| Planet | herrscht in | und ist erhöht in |
|---|---|---|
| Sonne | Löwe | Widder |
| Mond | Krebs | Stier |
| Merkur | Zwillinge und Jungfrau | Jungfrau |
| Mars | Widder | Steinbock |
| Venus | Stier und Waage | Fische |
| Jupiter | Schütze | Krebs |
| Saturn | Steinbock | Waage |
| Uranus | Wassermann | Skorpion |
| Neptun | Fische | Krebs |
| Pluto | Skorpion | Löwe |

**S. 30:** »**Lebensmitte**«: Der Begriff der Lebensmitte als altersunabhängige Seinsmitte bleibt bei C. G. Jung (Die Lebenswende, in: Gesammelte Werke, Bd. 8, Olten 1982) unbekannt.

**S. 32:** »**Ein Platz an der Sonne**«: Einst Schlachtruf des deutschen Kaisers, heute Motto einer Fernsehlotterie.

**S. 33:** »**Unbeliebter Gott**«: Manfred Lurker: Lexikon der Götter und Dämonen. 2., erw. Aufl. Stuttgart 1989, S. 39

**S. 33: Hephaistos:** Dieser heißt bei den Römern *Vulcanus*.

**S. 34: Dädalos und Ikaros als Parallelfiguren des Hephaistos:** Vgl. Robert v. Ranke-Graves, a. a. O., S. 286

**S. 35: Dädalos und Ikaros:** Nach R. v. Ranke-Graves, a. a. O., S. 283, und August Schwab, Sagen des klassischen Altertums. Wien, Heidelberg 1963, S. 58 ff.

**S. 51: Auslage »Mut zur Lücke«:** aus: Johannes Fiebig: Tarot – Andere Wege im Alltag. 2. Aufl. Bonn 1988, S. 119

**S. 53 ff.: Tarot und Astrologie:** Die vorliegende Zuordnung der Tarot-Karten zu Tierkreiszeichen und Planeten geht auf den Golden-Dawn-Orden (Orden der Goldenen Dämmerung) zurück, eine

Rosenkreuzer-Vereinigung in England. 1888 gegründet, zerfiel er bald nach 1900 wieder. Seine Bedeutung besteht u. a. darin, daß der Orden ein Erbe der reichhaltigen esoterischen Theoriebildungen des 19. Jahrhunderts war, die er seinerseits zusammenzufassen sucht. Die Tarot-Karten spielten dabei eine Rolle unter vielem anderen. Die heute gängigsten Tarot-Karten (Rider Waite Tarot und Crowley Thoth Tarot, ohne welche die Tarot-Welle der letzten 10 bis 20 Jahre nicht vorstellbar ist) gehen auf Urheber/innen zurück, die zuvor einmal Mitglied im Golden-Dawn-Orden gewesen sind: Pamela Colman Smith und Arthur E. Waite sowie Lady Frieda Harris und Aleister Crowley.

Bei der Konzeption ihrer Karten folgten beide Produzentenpaare – mit geringen Unterschieden – in der Zuordnung zur Astrologie dem Golden-Dawn-Muster, das auch in diesem Buch wiedergegeben ist. Deshalb finden sich die hier genannten Zuordnungen im Rider-Tarot oftmals im Kartenbild wieder (z. B. Widder-Zeichen auf der Karte »IV-Der Herrscher« und Stier-Köpfe im Bild des »Münz-König«), und auf den Crowley-Karten sind diese selben Zuordnungen fast sämtlich als Zeichen angegeben.

Literatur dazu: Robert Wang: Der Tarot des Golden Dawn. Sauerlach 1985. – Israel Regardie: Das magische System des Golden Dawn. 3 Bde. Freiburg 1987. – Evelin Bürger & Johannes Fiebig: Tarot – Spiegel Deiner Möglichkeiten. 7. Aufl. Trier 1991, S. 115.

Neben der vorliegenden gibt es mehr als ein halbes Dutzend weitere Arten der Zuordnung, die in der Literatur vorgeschlagen werden. Diese sind jedoch nicht empfehlenswert, meist schon aus formalen Gründen, weil jeweils nur einem Teil der insgesamt 78 Tarot-Karten astrologische Werte beigegeben wurden. Inhaltliche Probleme entstehen daraus, daß die Tarot-Karten hauptsächlich zur Erläuterung von astrologischen oder sonstigen archetypischen Prinzipien benutzt werden und somit ihr Eigenleben verlieren. Das gilt auch für das Buch zu den im übrigen schönen Tarot-Karten von Mertz/Struck: B. A. Mertz und Paul Struck: Astrologie und Tarot. Interlaken 1981. – Eine Übersicht über verschiedene Zuordnungsweisen finden Sie in: Stuart R. Kaplan, The Encyclopedia of Tarot. Bd. 1. New York 1978, S. 4f.

**S. 67:** »**Der Turm« als Pfingstereignis:** Vgl. Papus (Gérard Encausse): Tarot der Zigeuner. Interlaken 1985, S. 143. Papus deutet diese Tarot-Karte u. a. als »Eintritt des heiligen Geistes in die sichtbare Welt«. – Apostelgeschichte 2, 1–13.

S. 71: »**Geworfensein**«: Zentraler Begriff des Existentialismus in der Mitte dieses Jahrhunderts.

S. 87: »**Märchen versprechen nicht nur…**«: Wolfdietrich Siegmund: Bericht eines Psychiaters über die Verwendung von Märchenmotiven in der Therapie, in: Frederick Hetmann: Traumgesicht und Zauberspur. Frankfurt a. M. 1982, S. 130

S. 87: »**Für einen, der nicht versteht…**«: Zen-Spruch, mit einer Änderung zit. n. Ulli Olvedi: Wir sind alle ganz normale Mystiker. München 1984, S. 29

S. 91: **Sigmund Freud:** Abriß der Psychoanalyse (1938). Frankfurt a. M. 1970, S. 50

S. 113/6: **Anmerkungen der Brüder Grimm:** Kinder- und Hausmärchen: Jubiläumsausgabe zum 200. Geburtstag 1985/6. Ausgabe letzter Hand mit den Originalanmerkungen der Brüder Grimm, hrsg. v. Heinz Rölleke. Stuttgart 1984. Zu »Rumpelstilzchen«, ebda., Bd. 3, S. 106 ff.

S. 117: »**Lichttest, Vampir und Kellerkind**«: Vgl. Johannes Fiebig: Der Glanz des Dunklen. Der Steinbock in uns allen. Königsförde 1989, S. 52 ff.

S. 118: »**Wenn das Rumpelstilzchen sich zerreißt…**«: Das Zerreißen ist notwendig, wie die Trennung von Schlacke und Metall in der Eisen- oder der Goldschmelze. Wie so oft bei »Teufel«-Figuren, so gibt es auch beim Rumpelstilzchen Fürsprecher, die *nur* die Vampir-Seite sehen und den »Teufel« restlos verdammen, sowie solche, welche *nur* die Kellerkind-Seite beachten und den »Teufel« vollständig heimholen möchten. In dem Fernsehstück »Rumpelstilz. Ein Familienbild von *Adolf Muschg*« (ZDF 8.9.1988, Wiederholung von 1969) beschreibt A. Muschg den Rumpelstilz als einen heillosen Dämon, der voller Egoismus und in der Überzeugung, vom Leben betrogen worden zu sein, zu einem selbstzerstörerischen Tyrannen wird. Ganz im Gegenteil dazu erweckt *Angela Waiblinger* (Rumpelstilzchen. Gold statt Liebe. Zürich 1983) vor allem »Sympathy for the Devil«. Sie befürwortet sogar die Fantasievorstellung, dem Rumpelstilzchen freiwillig noch nachträglich das Königskind zu schenken (S. 98). Da lebt doch das Widder-/Erstgeborenen-Opfer aus Urzeiten wieder auf. In Wahrheit ist das Märchen vom Rumpelstilzchen eine Antithese zu solchem Opfergang. Anders als etwa bei Dädalos und Ikaros muß hier das Kind *nicht* verlorengehen, weil es gelingt, das Feuer zu beherrschen, weil man auch noch seine verborgenen Seiten beim Namen nennen kann.

**S. 119:** **Ulla Wittmann:** a.a.O., S. 47 ff., zitiert wird aus S. 57–59.

**S. 140:** **Nachweis der Zitate:** Rachel Pollack: Tarot. 78 Stufen der Weisheit. München 1985, S. 61. – Luisa Francia: Hexentarot. Traktat gegen Macht und Ohnmacht. München 1981, S. 13. – Hans-Dieter Leuenberger: Schule des Tarot – Bd. 1 Das Rad des Lebens. Freiburg 1981, S. 95.

**S. 141:** **Hermann Hesse:** Siddharta. Eine indische Dichtung. Suhrkamp Verlag, Frankfurt a. M. 1950. Hier zitiert nach Werkausgabe Edition Suhrkamp, Frankfurt a. M. 1970, Bd. 5, S. 469–471. Abdruck mit freundlicher Genehmigung des Suhrkamp Verlag, Frankfurt a. M.

# Literaturhinweise

## Astrologie

Akron (C. F. Frey): Im Lichte der Sonne. Die menschliche Entwicklung im Spiegel der inneren Planeten. München 1990

Dethlefsen, Thorwald: Schicksal als Chance. Das Urwissen zur Vollkommenheit des Menschen. München 1979

Döbereiner, Wolfgang: Astrologisches Lehr- und Übungsbuch: Münchner Rhythmenlehre. 6 Bände. München 1984 ff.

ders.: Heyne Tierkreis-Bücher. 12 Bände von Widder bis Fische. München 1974 f.

Greene, Liz: Schicksal und Astrologie. Die Familie im Spiegel des Horoskops. Münschen 1985

Haage, Bernhard D. (Hrsg.): Sternzeichen aus einem alten Schicksalsbuch – Widder. Mit einer Einleitung von Christiane von Wiese. Frankfurt a. M. 1982

Huber, Louise: Die Tierkreiszeichen. Reflexionen, Meditationen. 2. Aufl. Zürich 1983

Karrer, Iso: Tierkreis und Jahreslauf. Astrologie in Mythos und Volksbrauch. Basel 1985

Kennedy, Jan: Der Marsfaktor. München 1991

Meyer, Hermann: Astrologie und Psychologie. Eine neue Synthese. München 1981, Reinbek 1986

Riemann, Fritz: Lebenshilfe Astrologie. Gedanken und Erfahrungen. München 1977

Roscher, Michael: Venus und Mars. Partnerschaft und Sexualität im Horoskop. München 1988

Rosenberg, Alfons: Zeichen am Himmel. Das Weltbild der Astrologie. München 2. erw. Aufl. 1984

Sakoian, Frances, und Louis S. Acker: Das große Lehrbuch der Astrologie. München 1984

Sterneder, Hans: Tierkreisgeheimnis und Menschenleben. 2. Aufl. Freiburg 1985

Sun Bear und Wabun: Das Medizinrad. Eine Astrologie der Erde. 6. Aufl. München 1984

Weiss, Jean-Claude: Astrologie – Eine Wissenschaft von Raum und Zeit. Wettswil 1987


## Tarot

Anonymus d'Outre-Tombe: Die großen Arkana des Tarot. Ausgabe A in 4 Bd., Freiburg 1983. – Eine Auswahl aus dem Gesamtwerk bietet das Taschenbuch: (ders.:) Schlüssel zum Geheimnis der Welt. Meditationsübungen zum Tarot. Hrsg. v. Gertrude Sartory, Freiburg 1987

Banzhaf, Hajo: Das Tarot-Handbuch. München 1986

Bürger, Evelin, und Johannes Fiebig: Tarot – Spiegel Deiner Möglichkeiten. Ausgabe Rider-Tarot: 7. Auflage Trier 1990. Ausgabe Crowley-Tarot: Trier 1991

Crowley, Aleister: Das Buch Thoth (Ägyptischer Tarot). Waakirchen 1981

Deutsches Spielkarten-Museum: Tarot – Tarock – Tarocchi. Tarocke mit italienischen Farben. Bearbeitet von Detlef Hoffmann und Margot Dietrich. Leinfelden-Echterdingen 1988 (Deutsches Spielkaren-Museum, Schönbuchstraße 32, D-7022 Leinfelden-Echterdingen)

Fiebig, Johannes: Tarot – Andere Wege im Alltag. 2. Aufl. Bonn 1988

Francia, Luisa: Hexentarot. Traktat gegen Macht und Ohnmacht. 4., erw. Aufl. Zürich o. J.

Hollenstein, Marion: Zur psychologischen Deutung des Tarot-Spiels. Zürich 1981

Kaplan, Stuart R.: The Encyclopedia of Tarot. 3 Bde. New York 1978, 1986 und 1990

Leuenberger, Hans-Dieter: Schule des Tarot – Band 3. Das Spiel des Lebens. Freiburg 1984

Nichols, Sallie: Die Psychologie des Tarot. Interlaken 1984

Pollack, Rachel: Tarot. 78 Stufen der Weisheit. München 1985

Steiner-Geringer, Mary: Tarot als Selbsterfahrung. Köln 1985

Waite, A. E.: Der Bilderschlüssel zum Tarot. Waakirchen 1978

Ziegler, Gerd (Bodhigyan): Tarot – Spiegel der Seele. Sauerlach 1984

## Traumdeutung

Adler, Alfred: Lebenskenntnis. Frankfurt a. M. 1978
Aeppli, Ernst: Der Traum und seine Deutung. München 1984
Doucet, Friedrich W.: Traum und Traumdeutung. München 1973
Freud, Sigmund: »Selbstdarstellung«. Frankfurt a. M. 1971
ders.: Die Traumdeutung. Frankfurt a. M. 1972
Hark, Helmut, Verena Kast, Ingrid Riedel (Hrsg.): *Reihe* Träume als Wegweiser (Traumbild Baum, Traumbild Fuchs usw.) Olten und Freiburg 1986 ff.
Harnisch, Günter: Das große Traum-Lexikon. Freiburg 1989
Jacobi, Jolande: Die Psychologie von C. G. Jung. Eine Einführung in das Gesamtwerk, mit einem Geleitwort von C. G. Jung. Frankfurt a. M. 1978
Jung, C. G.: Bewußtes und Unbewußtes, Frankfurt a. M. 1957
Mann, Thomas: Freud und die Zukunft; in: Sigmund Freud: Abriß der Psychoanalyse. Das Unbehagen in der Kultur. Frankfurt a. M. 1970
Vollmar, Klausbernd: Dream Power. Ein Handbuch für Träumer. Berlin 1988

## Märchen/Märchendeutung

Drewermann, Eugen, und Ingrit Neuhaus: *Reihe* Grimms Märchen tiefenpsychologisch gedeutet. Olten und Freiburg 1982 ff.
Fiebig, Johannes: Märchen heute – was sie uns bedeuten. Planungsmaterial für den Deutschunterricht (in der Reihe: Deutsch – betrifft uns, hrsg. v. Guido Ossemann). Aachen 1985
Franz, Marie-Louise von: Psychologische Märcheninterpretation. Eine Einführung. München 1989
Grimm, Brüder Jacob und Wilhelm: Kinder- und Hausmärchen. Urfassung 1812/1814. Mit einem Nachwort von Peter Dettmering. Lindau o. J.
dies.: Kinder- und Hausmärchen: Jubiläumsausgabe zum 200. Geburtstag 1985/6: Ausgabe letzter Hand mit den Originalanmerkungen der Brüder Grimm, hrsg. v. Heinz Rölleke. Stuttgart 1984
Hetmann, Frederik: Traumgesicht und Zauberspur. Märchenfor-

schung – Märchenkunde – Märchendiskussion. Frankfurt a. M. 1982
Konrad, Johann Friedrich: Hexen-Memoiren. Märchen entwirrt und neu erzählt. Frankfurt a. M. 1981
Seifert, Theodor (Hrsg.): *Reihe* Weisheit im Märchen. Zürich 1984 ff.
Wittmann, Ulla: Ich Narr vergaß die Zauberdinge. Märchen als Lebenshilfe für Erwachsene. Interlaken 1988.

## Verschiedenes zur Symbolkunde

Arnheim, Rudolf: Anschauliches Denken. Zur Einheit von Bild und Begriff. Köln 1969
Bächtold-Stäubli, Hannes, und Eduard Hoffmann-Krayer (Hrsg.): Handwörterbuch des deutschen Aberglaubens. 10 Bände. Berlin 1927–42
Bauco, Luigi, und Francesco Millocca: Das Geheimnis des »Pendels« – entschlüsselt. München 1990
Dinzelbacher, Peter (Hrsg.): Wörterbuch der Mystik. Stuttgart 1989
Feldenkrais, Moshé: Die Entdeckung des Selbstverständlichen. Frankfurt a. M. 1985
Fromm, Erich: Märchen, Mythen, Träume. Eine Einführung in das Verständnis einer vergessenen Sprache. Reinbek 1981
Groddeck, Georg: Der Mensch als Symbol. Frankfurt a. M. 1978
Herder-Lexikon: Symbole. Freiburg 1978
Kellerer, Christian: Der Sprung ins Leere. Objet trouvé – Surrealismus – Zen. Köln 1982
Lang, Hermann: Die Sprache und das Unbewußte. Jacques Lacans Grundlegung der Psychoanalyse. Frankfurt a. M. 1986
Langer, Susanne D.: Philosophie auf neuen Wegen. Das Symbol im Denken, im Ritus und in der Kunst. Frankfurt a. M. 1965, 1984
Lurker, Manfred: Lexikon der Götter und Dämonen. Stuttgart 2. Aufl. 1989
ders. (Hrsg.): Wörterbuch der Symbolik, Stuttgart 4. Aufl. 1988
Miers, Horst E.: Lexikon des Geheimwissens. München 1986
Ranke-Graves, Robert von: Griechische Mythologie. Quellen und Deutung. 2 Bde. Reinbek 1982
Rosenberg, Alfons: Einführung in das Symbolverständnis. Freiburg 1959

Ruck-Pauquèt, Gina: Geschichten für das Widder-Kind. Bayreuth 1983
Unger, Wilhelm: »Wofür ist das ein Zeichen?« Auswahl aus veröffentlichten und unveröffentlichten Werken des Kritikers und Autors, mit einem Vorwort von Alfred Neven DuMont, hrsg. v. Meret Meyer, Köln 1984
Vollmar, Klausbernd: Das Geheimnis der Farbe Schwarz. Südergellersen 1988
Wedewer, Rolf: Zur Sprachlichkeit von Bildern. Ein Beitrag zur Analogie von Sprache und Kunst. Köln 1985
Wilson, Colin: Das Okkulte. Berlin und Schlechtenwegen 1982
Wittlich, Bernhard: Symbole und Zeichen. 2. Aufl. Bonn 1982

# Register

Abraham 11, 135
Adler 63, 120
Alexander der Große 132 ff.
Alchemisten 110
Amun 11
Ansehen 107 f., 133 (75)
Aphrodite 33 f., 80 f.
Ares 25, 33 ff., 67, 80, 136 et passim
Archetyp(en) 12 ff., 139, 145
 – s. Tigerauge
 – s. Zeugungskraft
Arkadien 10, 89
Aszendent 22
 – Kult um A. 23, 137
Auferstehung 93, 138
Aufhebung 26, 30, 114
 – s. Erhöhung
 – s. Wiedergeburt
Auge(n) 43, 75, 141
 – s. Tigerauge
 – s. Auge Gottes 67
Aussatz 119

Babel 64 f.
Berg 103
Billard 12 (73)
Blendung 75
Blitz 67
Blut 81 f., 133
 -bande 81 f.
 -rache 81 f.
 -schuld 81 f.
 -tröpfchen 10
Böll, H. 12
Bucolica 11, 144

Castaneda, C. 62
Christus 11, 135 (92)
Crowley-Tarot 56 ff., 145 f.
Crux ansata 64

Dädalos 34 f., 145 ff.
Dilettant 23

Einmaleins 36, 72
Eins und eins 76
Ekstase 66
Energiestau 25
Erhöhung 30, 136, 144
Erleuchtung 139 ff.
Erstarrung 25, 60, 131
Erstgeborener 103, 109, 135, 140
Esoterik 35 f., 46 f., 137

Fliegen 64 ff., 80 ff.
 -lernen 67 (77)
 – s. Ekstase
 – s. Höhenflug

Freud, S. 13, 89 ff., 137
Fromm, E. 13, 15

Geburt 24, 133
Geschlechtsrollen 81 f., 91
Gesicht 43, 75
  -sinn 43, 75
  – s. Ansehen
Geistlosigkeit 11, 88
  – s. Kopf
  – s. Nacht
Gogh, V. 93
Gold 106 ff., 112 ff., 125 ff.
Gott 135 ff.

Harmonia 34, 83
Hephaistos 31, 135, 145
Hera 34
Heroen(kult) 69, 132
Herz 43, 73, 109 f.
Hinken 119, 135 f.
  – s. Ödipus
Hirt 10 f., 69
Höhenflug 83 (85)
Hydraulik 10

Idealismus 82
Identität 43, 62 ff., 113, 139
  – s. Spiegel
  – s. Doppelsonne
Ikaros 34, 135
Isaak 11, 135, 145 f.

Jung, C. G. 13, 137, 145
Jupiter 28

Kaiser 60 ff., 144

  – s. Erstgeborener
  – s. Sonne
Katze 67 ff.
Kellerkind 117 ff.
Kopf 43, 105, 119
Kugel 64, 71, 117

Lamm 10 f., 61
Laotse 25
Lebensmitte 30 ff., 76, 110, 145
Leeres Land 93
Lichtgeschwindigkeit 77
Lücke 51
Luxuria 11
Luxus 137

Männlichkeit 36, 79 f., 90 f. (134)
Mars 27 ff., 60, 65 ff., 105, 136
  -feld 28
  -Menschen 37
Marseiller Tarot 58 ff.
Martialisches 28
Menschenopfer 134 f.
Meyer, H. 29
Mond 23, 36, 39
Mondlandschaft 61 (92)
Mythos 14 et passim

Nacht 92 ff., 113
Name 103 ff., 127
Nichts 133 f.
Nihilismus 115, 133 f.
  – s. Ödland / Leeres Land
  – Lücke (Mut zur)

Ödipus 135
Ödland 115
Ostern 93, 137

Phobos & Deimos 33, 80, 107
Pfingsten 66 ff.
Power 7, 65, 140
Psychoanalyse 14, 90 ff.

Quirinus 28

Rakete(n)
 -start 24
 -träume 77
Rider-Waite-Tarot 46, 52 ff., 145 ff.
Rambo 11 (62)
Ranke-Graves, R. 25, 34 f., 144 f.
Romulus & Remus 28
Rot 127, 133

Schaf 10 f., 69
Scheitel 43
Schwarz 92 ff., 129, 135
Sonne 23, 29 ff., 36, 112 et passim
 – Doppel-S. 73 ff., 138
Spiegel 64 f., 92 ff.
Sprachlosigkeit 105
Sprachverwirrung 67
Spurensuche 12
Stäbe 69 ff., 112
Stier
Stirn 43, 140 f.
Stunde Null 22 ff.
 – s. Aufhebung
 – s. Nichts

Symbolfetischismus 89

Teufel 92, 114 f.
Tiger 68 ff.
 -auge 80, 139
Tyrann 12, 147

Unscheinbares 19, 115
Unschuld 10

Vampir 115 ff.
Vater 60 ff., 109, 134 ff.
Venus 33 f., 78 ff.
Verbrennungen 75
Vier Elemente 36, 39 ff.
Vierzahl 38, 116

Waage 41, 52, 78, 82 f.
Widder
 – Lebensjahre 16, 77
 – Mechanismen 86
 – Traumtypen 87 ff.
 – Zeitalter 16, 72, 86
 – Ellenbogen-W. 26, 61 f.
 – Handicap-W. 26, vgl. 89
Weiblichkeit 36, 78 f., 90 f.
Weiß 127, 133
Wiedergeburt 23, 133
 – s. Auferstehung
 – s. Erleuchtung
 – s. Ostern
Wille 36, 42 f., 137 ff.

Yin & Yang 79

Zeus 34
Zeugungskraft 11, 64 (140)
Zögern 25, 76

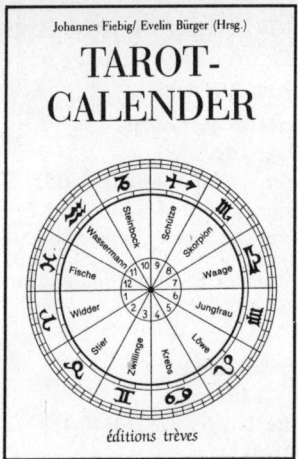

*Alle Jahre wieder!*

**Tarot-Calender**
(Jahresschrift für Tarot u. Astrologie)
Hrsg.: Johannes Fiebig und Evelin Bürger
Hardcover, Lesebändchen, Kapitalband,
Leinen mit Goldprägung, 16,80 DM

Ein wertvolles, sehr schön gestaltetes Jahrbuch. Texte über alle jahresspezifisch bedeutenden Tarot-Karten, Interpretationen der Karten im kalendarisch-astrologischen Zusammenhang. Eine kleine Kostbarkeit, die Ruhe und Besinnlichkeit in den oft hektischen Alltag bringt.

Herausgeber sind Johannes Fiebig und Evelin Bürger, deren Tarot-Buch »Spiegel deiner Möglichkeiten« inzwischen zum anerkannten Standardwerk der modernen Tarot-Interpretation geworden ist.

**éditions trèves**
Postfach 1550/ D-5500 TRIER 1

# Weitere Veröffentlichungen
# von Evelin Bürger & Johannes Fiebig

Evelin Bürger & Johannes Fiebig:

**Tarot – Spiegel Deiner Möglichkeiten**
Bonn 1984; 8. Auflage Trier 1991
Ausgabe Rider-Tarot:     ISBN 3-923261-05-5
Ausgabe Crowley-Tarot:   ISBN 3-923261-35-7
Verlag Kleine Schritte. 128 Seiten. Zahlr. Abbildungen

Eines der erfolgreichsten deutschsprachigen Tarot-Bücher.

Johannes Fiebig:

**Tarot – Andere Wege im Alltag**
Bonn 1987; 2. Auflage 1988
Verlag Kleine Schritte. ISBN 3-923261-10-1.
128 Seiten. Zahlr. Abbildungen

»Fiebig, erfahrener Tarot-Anhänger, schlägt ein neues Kapitel im Tarot-Kartenlegen auf. Während die üblichen Handbücher mehr dem traditionellen Muster verhaftet sind, baut er auf selbständige Orientierung:...(ein) Grundlagenwerk für fortgeschrittene Tarot-Fans.« (Uwe-F. Obsen, ekz-Informationsdienst 6/88)

Johannes Fiebig:

**Märchen heute – was sie uns bedeuten**
Aachen 1985 ff.
Verlag Bergmoser + Höller. ISSN 0178-0417.
40 Seiten Loseblatt DIN A4

In der Reihe »Deutsch – betrifft uns. Planungsmaterial für den Deutschunterricht«, hrsg. v. Guido Ossemann, Heft 2/85.

Evelin Bürger & Johannes Fiebig (Hrsg.):

**Tarot – Kalender 1991 ff.**
(Jahresschrift für Tarot und Astrologie)
Trier 1990 ff.
éditions trèves. ISBN 3-88081-295-0 ff.

Mit Tarot und Astrologie durchs Jahr. Wechselnde Jahresthemen.

# Zauber der Symbole

*Reihe Astrologie, Tarot, Träume & Märchen*

»*Eine gelungene Mischung aus Fantasie und Information, aus Tiefe und Lesespaß... Die Königsfurt-Bücher sind eine echte Neuentdeckung...*« (Susanne Peymann, Berlin)

*Bereits erschienen:*

Johannes Fiebig: **Der Widder in uns.** Macht und Abenteuer. ISBN 3-927808-01-6

Johannes Fiebig: Auf der Suche nach dem Eingemachten. **Der Stier in uns allen.** ISBN 3-927808-02-4

Johannes Fiebig: Schneller als der Schatten. **Die Zwillinge in uns allen.** ISBN 3-927808-03-2

Johannes Fiebig: **Der Skorpion in uns.** Geheimnis und Leidenschaft. ISBN 3-927808-08-3

Johannes Fiebig: **Der Schütze in uns.** Einsicht und Begeisterung. ISBN 3-927808-09-1

Johannes Fiebig: Der Glanz des Dunklen. **Der Steinbock in uns allen.** ISBN 3-927808-10-5

Johannes Fiebig: Der Zauber des Eigenen. **Der Wassermann in uns allen.** ISBN 3-927808-11-3

Johannes Fiebig: **Die Fische in uns.** Glaube und Vertrauen. ISBN 3-927808-12-1

*Es folgen (1991):*

Das Tierkreiszeichen Krebs in uns. ISBN 3-927808-04-0

Der Löwe in uns. ISBN 3-927808-05-9

Die Jungfrau in uns. ISBN 3-927808-06-7

Die Waage in uns. ISBN 3-927808-07-5

Jeder Band 160 Seiten, zahlreiche Abbildungen, DM 14,80. Königsfurt Verlag. Erhältlich im Buchhandel.

## Zur Person

*Johannes Fiebig* wurde am 30.3.1953 in Köln geboren und lebt heute in Klein Königsförde, Schleswig-Holstein. Mit seiner Lebensgefährtin Evelin Bürger hat er zwei Kinder.

Zur Ausbildung gehörte das Studium der Sozialwissenschaften, einschließlich der Psychologie, daneben das der Geschichte und der Germanistik. Sozialwissenschaftliche Forschungsprojekte und das Lehrerreferendariat verhalfen zu ersten Berufserfahrungen und zum Abschluß der Gymnasiallehrerausbildung. Es folgte eine rund fünfjährige Tätigkeit als Lektor und Korrektor in einer Kölner Verlagsdruckerei. 1984 wagte er den Sprung in die Selbständigkeit des freien Schriftstellers. 1989 schloß sich Gründung und Leitung des Königsfurt Verlags (zusammen mit Evelin Bürger) an.

Johannes Fiebig ist einer der prominenten bundesdeutschen Tarot-Autoren und gilt als ein undogmatischer Neuerer in den Sachgebieten »Symbolsprachen – Psychologie – Grenzwissenschaften«. Das gemeinsam mit E. Bürger verfaßte Buch »Tarot – Spiegel Deiner Möglichkeiten« zählt mit über 75 Tsd. Exemplaren zu den erfolgreichsten Tarot-Büchern. Die Gesamtauflage seiner Schriften beträgt rund 200 000. Darin sowie in zahlreichen Vorträgen und Seminaren hat Fiebig mit seinem Ansatz Schule gemacht, die fantastischen »Dinge zwischen Himmel und Erde« ernstzunehmen und zugleich Gebiete der traditionellen »Grenzwissenschaften« zu entmystifizieren.

In seine heutige Tätigkeit mischen sich Vorerfahrungen des Autors und Verlegers aus Zeiten der Schüler- und Studentenbewegung, aus einer mehrjährigen Arbeit als Betriebsratsvorsitzender und aus einer religiösen Geschichte. Als seine Ziele nennt Fiebig u.a. die Absicht, an einem Bild des Menschen mitzuarbeiten, das eine »neue Unmittelbarkeit« und einen erweiterten Begriff der Individualität enthält. Dazu rechnet er eine »Kultur des Spielens«, die dazu beitragen kann, den Alltag zu entkrampfen und zu bereichern.